APERÇU

HISTORIQUE, STATISTIQUE ET TOPOGRAPHIQUE

SUR L'ÉTAT

D'ALGER,

À L'USAGE

DE L'ARMÉE EXPÉDITIONNAIRE D'AFRIQUE,

AVEC PLANS, VUES ET COSTUMES;

RÉDIGÉ

AU DÉPÔT GÉNÉRAL DE LA GUERRE.

DEUXIÈME ÉDITION.

PARIS,

CH. PICQUET, GÉOGRAPHE ORDINAIRE DU ROI
ET DE S. A. R. MONSEIGNEUR LE DUC D'ORLÉANS,

SEUL CHARGÉ DE LA VENTE DES CARTES, PLANS ET AUTRES OUVRAGES
DU DÉPÔT DE LA GUERRE;

QUAI CONTI, N° 17.

1830.

APERÇU

HISTORIQUE, STATISTIQUE ET TOPOGRAPHIQUE

SUR

L'ÉTAT D'ALGER.

TYPOGRAPHIE DE J. PINARD, IMPRIMEUR DU ROI,
RUE D'ANJOU-DAUPHINE, N° 8, A PARIS.

APERÇU
HISTORIQUE, STATISTIQUE ET TOPOGRAPHIQUE
SUR L'ÉTAT
D'ALGER,

A L'USAGE
DE L'ARMÉE EXPÉDITIONNAIRE D'AFRIQUE,

AVEC CARTE, PLANS, VUES ET COSTUMES;

RÉDIGÉ
AU DÉPOT GÉNÉRAL DE LA GUERRE.

Deuxième Édition.

PARIS,
CH. PICQUET, GÉOGRAPHE ORDINAIRE DU ROI
ET DE S. A. R. MONSEIGNEUR LE DUC D'ORLÉANS,

SEUL CHARGÉ DE LA VENTE DES CARTES, PLANS ET AUTRES OUVRAGES
DU DÉPÔT GÉNÉRAL DE LA GUERRE;

QUAI CONTI, N° 17.

1830.

AVIS.

La première édition de cet Aperçu a été envoyée à l'armée expéditionnaire d'Afrique. On trouvera, à la fin de celle-ci, quelques plans nouveaux, et, dans le texte ou en appendice, quelques additions que de nouvelles recherches nous ont mis à même de présenter au lecteur.

AVANT-PROPOS.

Chargés de réunir les renseignemens les plus utiles à notre armée d'Afrique pour l'objet de son expédition, nous les avons rangés conformément à l'ordre établi par l'organisation du Dépôt de la Guerre :
1° Partie historique,
2° Partie statistique,
3° Partie topographique.

Dans la première, nous avons surtout indiqué les faits généraux et les détails les plus susceptibles d'analogie et de rapprochemens utiles avec les événemens qui se préparent; nous les avons constatés sur les documens authentiques consignés dans les différentes Archives de l'État; nous nous sommes particulièrement aidés d'un travail préparatoire, digne de toute confiance, qu'on doit aux recherches du lieutenant-général comte Loverdo; nous avons presque toujours partagé son opinion sur les faits qu'il rapporte, et, plus d'une fois, emprunté ses propres expressions.

Dans la partie statistique, nous avons eu pour objet de réunir les renseignemens les plus intéressans, et de présenter un cadre propre à guider nos officiers dans le classement des observations nouvelles auxquelles l'exploration des lieux doit nécessairement conduire. L'ordre des matières est celui qui a été adopté par le Dépôt de la Guerre pour les travaux du même genre.

La partie topographique n'a pas été traitée avec moins de soin, autant que pouvait le permettre la rapidité avec laquelle cet ouvrage devait être exécuté. Il n'y avait rien de mieux à reproduire à cet égard que les cartes, plans, coupes et profils de la reconnaissance du capitaine du génie Boutin, dont le Dépôt de la Guerre possède l'original remis en 1808 au chef du Gouvernement par cet officier. Cette reconnaissance fut faite dans le même objet qu'on se propose aujourd'hui. On a dû toutefois y faire quelques corrections pour se conformer plus exactement au Mémoire même de cet officier, et quelques additions pour exprimer des renseignemens plus nouveaux.

On croit devoir appeler l'attention sur une différence notable que présentent les contours de la côte d'après la carte du capitaine Boutin, ou d'après les dernières reconnaissances faites par notre marine entre le cap Caxines et la rivière Ma-za-Fran. On s'est borné à cet égard à une simple indication, au moyen d'une ligne ponctuée.

Les sondes dont on ne peut garantir l'exact emplacement sur une côte dont on ne connaît pas le véritable gisement, sont données en mètres, afin de se conformer à la même mesure employée sur les plans pour les cotes de hauteur.

Ces cotes approximatives données par le capitaine Boutin ont servi à exprimer les mouvemens de terrain par des sections horizontales équidistantes, également approximatives. Ce procédé nous a paru d'autant plus expéditif pour la gravure, qu'on a pu employer à cet effet le pantographe renversant dont on se sert au Dépôt de la Guerre pour réduire et graver immédiatement sur le cuivre.

Par le même procédé, on a réduit et gravé un plan de l'établissement de La Calle tel qu'il était avant la dernière déclaration de guerre [1].

Ce plan facilitera l'intelligence de tout ce qui a été récemment exposé, discuté, soit par le Gouver-

---

[1] Lors de cette déclaration, nos établissemens étaient en grande souffrance par suite des événemens qui se succédaient depuis long-temps, et surtout depuis la fin du siècle dernier.

Au lieu de 1400 hommes que Louis XIII avait eus dans ses possessions d'Afrique pour y tenir garnison dans des fortifications en bon état, dont il se fit une inspection solennelle en 1665, les procédés de la régence à différentes époques intermédiaires avaient réduit nos établissemens à un état si misérable, que nous n'y avions déjà en 1798 que 200 hommes de garnison. Cependant, à mesure que les avantages disparaissaient, les rançons et les avanies s'aggravaient pour nous.

En 1817, un traité rétablit sur le pied de 60,000 francs une prestation annuelle, que ces abus, toujours croissant, avaient élevée à 200,000 fr.; mais bientôt, par les mêmes abus, cette prestation remonta au même taux de 200,000 francs.

En même temps, les réparations que nous voulûmes faire à ce qui nous restait de fortifications et d'établissemens furent violemment empêchées. Ainsi, il nous devenait impossible de tirer aucun profit d'une position avantageuse sous plusieurs rapports commerciaux et agricoles, et du voisinage qui aurait pu être encore plus avantageux du port de Bugie.

C'est dans ce triste état de nos possessions d'Afrique que survint la déclaration de guerre du 25 juin 1827, et que tout disparut entièrement, matériel et personnel, dans des établissemens qui avaient été florissans 160 ans auparavant, et qui auraient dû être parvenus à un état solide de prospérité, si les choses avaient marché dans l'ordre naturel.

nement, soit par des particuliers, relativement à cet établissement de La Calle.

Nous joignons à ces plans spéciaux une carte générale du bassin citérieur de la Méditerranée, destinée à servir également aux récits historiques et aux descriptions statistiques.

Nous faisons suivre ces différens plans de lithographies exécutées d'après des dessins dont nous devons la communication, soit à la bienveillance du Ministère des affaires étrangères, soit à l'obligeance de M. le colonel Rottiers au service du roi des Pays-Bas, qui a récemment recueilli ces vues sur les lieux; elles confirment tout ce que nous disons de l'aspect des environs d'Alger.

APERÇU

HISTORIQUE, STATISTIQUE ET TOPOGRAPHIQUE

SUR

L'ÉTAT D'ALGER.

NOTICE SOMMAIRE

DES PRINCIPALES EXPÉDITIONS DIRIGÉES CONTRE L'AFRIQUE SEPTENTRIONALE PAR L'ESPAGNE, LA FRANCE OU L'ANGLETERRE, DEPUIS LA FIN DU XVe SIÈCLE JUSQU'A NOS JOURS, AINSI QUE DES PRINCIPAUX ÉVÉNEMENS QUI ONT IMMÉDIATEMENT PRÉCÉDÉ CELLE QUE LA FRANCE VA ENTREPRENDRE.

En rapprochant ces souvenirs historiques, nous avons dû, dans la circonstance présente, considérer comme notre objet spécial les débarquemens opérés sur la côte même d'Alger, et les présenter avec détail.

Nous nous sommes moins étendus (et c'est une loi que le temps, qui nous pressait, nous a imposée, autant qu'une opinion systématique) sur les opérations du même genre qui ont eu lieu contre d'autres points, et cependant nous avons tâché de n'en rien omettre de tout ce qui pouvait présenter quelque analogie utile à saisir.

Nous allons faire précéder l'exposé des faits de quelques considérations générales, qui pourront aider à les apprécier.

Quand on a sous les yeux une carte du *Monde connu*

des anciens (selon l'expression consacrée en géographie comparée), ou seulement de la *portion occidentale du monde romain*, on voit que la mer qui en baigne les rivages les plus célèbres se divise naturellement en deux parties inégales, dont les limites sont faciles à observer et à retenir. Nous donnons à l'un de ces bassins le nom de *Méditerranée citérieure*: c'est la partie qui mêle ses eaux avec celles de l'Océan, vers les anciennes Colonnes d'Hercule; à l'autre celui de *Méditerranée ultérieure*: c'est celle qui s'enfonce dans les terres par le golfe Adriatique, le golfe Lybique, les mers Grecques, le Pont-Euxin et le Palus-Méotide.

La Méditerranée citérieure est le champ sillonné en tout sens par les expéditions que nous allons sommairement rapporter; elle offre la route entière des flottes espagnoles et françaises, et la position la plus rapprochée de la marche des vaisseaux partis de l'Océan.

Ce bassin qui communique, ainsi que nous venons de le dire, vers l'ouest, à la grande mer, et touche de ce côté les rivages si rapprochés d'Espagne et d'Afrique, continue à baigner vers le nord les côtes d'Espagne, et, en tournant vers l'est, celles de France et d'Italie.

La *Méditerranée citérieure* communique avec celle que nous appelons *ultérieure* par le détroit de Messine et par le canal large d'environ trente lieues qui sépare la pointe occidentale de la Sicile du cap Bon, en Afrique; de l'autre côté de ce canal, on trouve au midi, pour borne à cette partie de la Méditerranée, la côte d'Afrique, à peu près parallèle au mont Atlas, qui serpente depuis Tunis jusqu'à Tanger.

C'est sur ce prolongement d'environ 400 lieues communes de France, que sont situées les côtes et les villes dont le gisement et le nom se trouveront signalés dans le récit des opérations nautiques et militaires dont nous allons rappeler le souvenir.

Cette vaste façade de l'Afrique, qui regarde le nord, est coupée en deux portions à peu près égales par la ville et le port d'Alger.

Alger a devant elle les îles Baléares à une distance d'environ 60 lieues; et une ligne qui traverserait l'île de Majorque, en se dirigeant vers le nord, irait tomber à Barcelone, distante de 40 lieues de Majorque.

A l'ouest, la distance d'Alger à Tanger, ou au détroit de Gibraltar, est partagée par la ville d'Oran et le port de Mersalquivir, qui joueront un grand rôle dans nos récits.

A l'est, le chemin d'Alger au cap Bon ou à Tunis, près de laquelle se trouvent les ruines de Carthage, est coupé aussi en deux parties à peu près égales, par le point intéressant de Bone.

Tunis et Bone font face à la Sardaigne, et en sont distantes d'environ 50 lieues.

Cette mer, le golfe Lybique et les mers Grecques ont été les principaux théâtres de la navigation des anciens. Presque nulle dans l'Océan, cette navigation était peu de chose dans la Méditerranée, quoique cette mer, bordée de leurs plus fertiles cultures, de leurs plus florissantes cités, semblât comme un grand lac destiné à être le lien des trois parties dont se composait alors le monde civilisé, la route de leur commerce, le moyen le plus naturel de leurs communications.

Ces communications, aujourd'hui si promptes, si aisées, ont été long-temps rares, difficiles; la navigation d'Ulysse, celle d'Énée, qui se traînent et errent si lentement d'île en île, de rivage en rivage, sur un espace qui paraît à nos yeux si resserré; les armemens maritimes qui épuisaient la puissance et les trésors du grand roi de Perse et ceux des Athéniens, si avancés dans tous les arts; les déploiemens de forces maritimes entre Rome et Carthage, ceux d'Antoine contre Octave, et des maîtres de Constantinople contre les conquérans des deux empires romains ; tous ces souvenirs, importans et instructifs sous d'autres rapports, présentent si peu d'analogie avec les opérations actuelles, avec les moyens de la marine moderne, que l'étude en est devenue un pur objet d'érudition et de curiosité.

Quand le monde s'est accru pour nous d'un autre hémisphère, et que, par l'effet de cette grande révolution qui en a suivi ou amené tant d'autres, le globe entier a présenté une face nouvelle, il a semblé qu'une sorte de compensation avait été préparée dans les conseils de la Providence. Tandis que les lumières de la civilisation et de la foi animaient, éclairaient un nouveau monde, ces lumières s'éteignaient dans de vastes portions de l'ancien; les rivages transatlantiques se peuplaient de cités et recevaient les arts; ceux du Bosphore, de l'Asie-Mineure et de la Grèce, si fameux par leurs délices, ceux de l'Égypte et surtout de ces Mauritanies, si renommés pour leur fertilité, redevenaient barbares, incultes et déserts.

Si les rivages changeaient de face, les moyens de les atteindre ne se modifiaient pas d'une manière moins remarquable; les chétives embarcations des peuples de l'antiquité avaient été, de progrès en progrès, remplacées par ces vaisseaux de haut bord à deux et trois ponts, dont les quilles sillonnent profondément les flots, et résistent avec succès aux lames de la grande mer.

Ces observations suffisent pour indiquer combien les plus imposantes expéditions de l'antiquité nous offrent peu de leçons et d'antécédens utiles. On comprend aisément que tel point du rivage sur lequel Scipion se jeta de son vaisseau, et embrassant la terre d'Afrique, lui dit : *Je te tiens!* n'est pas plus à notre usage que les navires sur lesquels il y fit passer ses légions.

Entre l'époque des guerres Puniques, des conquêtes et des établissemens qui les suivirent, et les premières en date des expéditions dont nous allons nous occuper, l'action de l'Europe sur l'Afrique, et particulièrement sur les Mauritanies, s'est bornée à la conquête générale de leur territoire, faite par Bélisaire sur les Vandales, en 553, et à quelques prises partielles de possession pendant les dernières croisades : actions plus ou moins glorieuses (entre autres l'apparition généreuse de saint Louis, suivie de sa mort funeste), mais dont le résultat n'a été ni définitif d'un côté, ni durable de l'autre.

L'empire grec ne demeura maître de ces provinces que jusqu'en 643, époque où les Arabes mahométans s'établirent en Afrique ; plusieurs de leurs dynasties régnèrent à Alger et dans les états ou royaumes voisins.

L'action de l'Afrique sur l'Europe, plus énergique et plus décisive, produisit l'invasion de l'Espagne par les Maures, et sept cents années de leur domination, plus ou moins toute-puissante, depuis les Colonnes d'Hercule jusqu'à la chaîne des Pyrénées, qu'ils franchirent un moment en conquérans.

La réaction fut laborieuse et lente, mais enfin, aussi complète que l'action même ; le territoire espagnol et européen fut entièrement délivré du joug et de la présence des Africains, la population maure refoulée et poursuivie sur les rivages d'où elle était partie.

L'effet de cette pression d'une multitude dépossédée sur une côte redevenue inculte et long-temps déserte, produisit bientôt les établissemens des puissances barbaresques, d'où sont parties contre l'Europe chrétienne de continuelles insultes, que l'Europe a dû se mettre en mesure de prévenir et de venger. Les rivages opposés d'Europe et d'Afrique furent plus constamment, plus cruellement ennemis que jamais : *Littora littoribus contraria*.

De là les expéditions dont nous allons exposer les chances diverses, et indiquer, d'après l'histoire, les mérites ou les fautes.

§ Ier.

Expéditions des Espagnols sur la côte d'Afrique, dans les dernières années du xve siècle et les premières du xvie.

L'expulsion totale des conquérans africains avait eu lieu pendant que Ferdinand d'Aragon et Isabelle de Castille régnaient conjointement sur les Espagnes.

Avant la mort d'Isabelle, en 1497, à la faveur d'une guerre entre le roi de Fez et celui de Trémécen, et d'une révolte du chef maure de Zerby contre le roi de Tunis, le duc de Medina-Sidonia s'était emparé de Melilla, et le vice-roi de Sicile de Zerby.

Ces deux points resteront à peu près étrangers aux principales expéditions qui suivront.

Après la mort de la reine Isabelle, l'affection et les regrets des peuples se plaisaient à lui attribuer les principaux mérites du règne qui avait été commun à elle et à son époux.

Ferdinand (le Catholique) survivait non seulement à sa femme, mais à son gendre (Philippe-le-Beau), et sa fille (Jeanne-la-Folle) se survivait à elle-même.

Les États de Castille, par le conseil du fameux Ximénès, déjà tout-puissant sur Isabelle, avaient rappelé au timon des affaires Ferdinand (qui régnait par lui-même en Aragon), comme tuteur naturel de son petit-fils dom Carlos, héritier de Castille, lequel fut depuis l'empereur Charles-Quint.

Ferdinand, encouragé dans ses propres sentimens, et poussé par les conseils ardens de Ximénès, voulut avoir l'honneur et se donner la popularité de continuer le châtiment des Maures réfugiés en Afrique, qui devenaient, comme pirates, de jour en jour plus formidables, ou, du moins, plus incommodes aux puissances chrétiennes, et surtout à l'Espagne.

Mersalquivir, en arabe *Mers el Kebir* (*le Grand-Port*), fut le point sur lequel, après quelque hésitation, le gouvernement espagnol dirigea son attaque. Mersalquivir est à 40 lieues environ de Carthagène, vis-à-vis Almérie, en tirant un peu vers l'orient.

Si beaucoup de détails de cette expédition et de celles qui concoururent, peu après, à ses résultats, nous manquent totalement, nous en connaissons, du moins, la date exacte; ce point, que plus tard on n'obtient pas toujours, est capital pour des opérations dont le succès dépend surtout de l'à-propos, de l'opportunité des saisons et des influences de l'atmosphère.

L'expédition contre Mersalquivir était composée de six galères [1] et d'un grand nombre de caravelles et de navires de transport; ils portaient 5,000 hommes de débarquement. Raimond de Cardonne commandait la flotte; Diègue de Cordoue, que les historiens signalent comme *le capitaine de los Donzeles* [2], eut le commandement général de l'expédition.

On mit à la voile, de Malaga, le 29 août 1504.

---

[1] Ces bâtimens, qui étaient plats, approchaient beaucoup plus de la terre que les vaisseaux de la forme presque exclusivement en usage aujourd'hui. Cette circonstance interdit plus d'une comparaison entre les expéditions déjà un peu anciennes et celles de nos jours.

[2] Voici ce que Mariana nous apprend de cette milice *de los Donzeles* ou des Damoiseaux: « C'étaient, dit-il, de jeunes « gentilshommes qui avaient été pages à la cour, et qui n'a- « vaient jamais encore servi dans les troupes; la première fois « qu'on les envoyait à l'armée, on en faisait une compagnie « dont on donnait la conduite à un seigneur distingué et expé- « rimenté. Ils faisaient le service d'enfans perdus. » Ils étaient, dans ce bon temps de la milice espagnole, ce qu'étaient les Vélites dans le bon temps de la milice romaine. Ils méritaient, par une bravoure individuelle, de servir dans le rang d'une manière moins brillante, mais plus utile encore et plus difficile. L'admission dans le rang était une dignité.

C'était un peu tard : l'expérience n'avait point encore suffisamment indiqué les dangers de cette époque. Les vents contraires obligèrent l'escadre à relâcher à Alméries; elle ne parut que le 11 septembre à la vue de Mersalquivir.

Il paraît que la fortification en était assez régulière, et l'artillerie nombreuse pour le temps. Les chrétiens, disent les historiens, vinrent mouiller un peu plus bas que le fort et hors de la portée du canon.

Les difficultés du débarquement furent grandes : le lieu était peu propice; on connaissait mal ces côtes; les vents et la mer n'étaient pas favorables. 3,000 hommes de pied et 150 chevaux seulement défendaient, en ce moment, la côte. Les Maures, rassemblés d'abord en plus grand nombre, voyant venir la saison contraire aux débarquemens, après avoir été long-temps rassemblés sur la côte, s'étaient dispersés. Mersalquivir fut pris et resta au pouvoir des Espagnols. Ils firent une trêve avec les Maures d'Oran, à la faveur de laquelle s'accrurent le commerce et l'importance de cette dernière place, dont l'occupation de Mersalquivir assurait tôt ou tard la conquête par la facilité que ce port offrait pour le débarquement.

§ II.

Expédition contre Oran en 1509, commandée par le cardinal Ximénès en personne.

Le gouverneur espagnol de Mersalquivir avait noué des intelligences [1] avec un Juif, dont le roi de Tré-

---

[1] Quelques historiens se taisent sur ces intelligences. Mariana attribue le prompt succès de cette expédition à un miracle. Marmol fait une mention expresse de cette négociation, et l'*Histoire des shérifs* en donne tous les détails.

mécen se servait pour lever les tributs qu'il percevait sur Oran, et avec deux Maures, dont l'un commandait un fort voisin de la porte de Trémécen. Cette porte devait être livrée.

Le cardinal Ximénès n'était pas homme à se reposer uniquement sur ces moyens politiques, du succès de son entreprise. Il ne pouvait négliger les enseignemens et les leçons que lui avait offerts l'expédition de Mersalquivir.

Judicieux imitateur de Scipion le premier *Africain*, dans son expédition sur Carthagène, où le Romain se servit si habilement de la connaissance du pays et des moindres accidens naturels, où il mit à profit, avec tant de succès, la prévoyance du gonflement annuel des étangs qui bordaient la côte, et tant d'autres circonstances qui ne paraissent méprisables qu'à l'ignorance et à l'orgueil, Ximénès rassembla tout à coup, dans cette même ville de Carthagène, objet de la marche de Scipion [1] et point de départ du cardinal, les forces de terre et de mer et les munitions de tout genre, dès long-temps préparées pour son entreprise.

Au mois de février 1509, tout était prêt.

Après avoir, grâce à l'autorité suprême qui lui avait été confiée, étouffé un mécontentement excité par les chefs mêmes des troupes de débarquement, le cardinal s'embarqua le 16 mai, avec environ 1,800 lances, 4 bataillons de piquiers formant à peu près 10,000 hommes, le reste en troupes légères ou en volontaires, formant un ensemble d'à peu près 15,000 hommes, tous soldats éprouvés.

Le lendemain, 17 mai, on découvrit les côtes d'Afrique. Une nouvelle altercation s'éleva entre Ximénès

---

[1] *Voyez* Polybe, ou ce qui en est dit, d'après lui, dans l'*Histoire générale de l'Art militaire*, tome II, page 133.

et Navarre : celui-ci voulait différer le débarquement [1]; le cardinal, pressé de profiter de ses intelligences et craignant qu'elles ne vinssent à être découvertes, et aussi que des secours n'arrivassent à ceux qu'on venait attaquer chez eux, insista pour qu'on entrât la nuit même dans le port de Mersalquivir. Les Maures d'Oran n'eurent que le lendemain connaissance du débarquement des Espagnols. Ils défendirent, avec assez peu d'ordre, une éminence qui se prolonge entre Oran et Mersalquivir. La porte de Trémécen fut livrée aux Espagnols, et il était trop tard quand les troupes du roi de Trémécen parurent à la vue de la place.

Les historiens signalent la belle attitude de ces quatre corps de piquiers, formés en quarrés de 2,500 hommes chacun, recevant, piques baissées et sans s'émouvoir, la furieuse attaque de la nombreuse cavalerie mauresque. On croit voir les quarrés de notre guerre d'Égypte, émoussant les attaques non moins vives de la cavalerie des Mamelouks à la bataille des Pyramides.

Vraisemblablement, les plus beaux faits d'armes de cette infanterie espagnole, alors dans l'époque de sa gloire, n'auraient pas suffi pour faire tomber Oran dans un jour; mais tout concourut également au succès de cette expédition si célèbre et si souvent rappelée : le courage des troupes, les intelligences secrètes du chef suprême et l'habileté des autres, la force des préparatifs, le choix de la saison, et cette suprématie enfin

---

[1] Quelques historiens prétendent que Ferdinand avait écrit à Navarre de *retenir le bon homme* (le cardinal) *le plus longtemps possible à cette expédition, et de lui faire user sa personne et son argent.* Effectivement c'est avec ses revenus personnels que Ximénès avait principalement pourvu aux frais de l'expédition. Quand le cardinal fut reparti, et que Navarre commanda seul et agit pour son compte, on lui vit déployer autant d'activité et d'ardeur de conquête qu'il avait opposé au cardinal-généralissime de difficultés et de temporisation.

du généralissime, d'un cardinal-ministre aussi recommandable par son génie que par son caractère, dont l'influence étouffa les mésintelligences et fit triompher l'intérêt public de toutes les rivalités particulières.

Lors de cette première expédition, Alger, regardée de tout temps comme un point important, se gouvernait en république sous la protection des rois (ou chefs maures) de Trémécen et de Bugie ; celui de cette dernière ville avait été sur le point de se rendre maître de toute la Mauritanie, quand l'expédition espagnole, dont nous venons de voir le succès, changea la face des affaires.

Ce succès inespéré, plus prompt et plus complet qu'on n'avait osé l'espérer, augmenta le crédit du cardinal, et détermina le roi Ferdinand à adopter les vastes projets de son ministre. Il fut donc décidé qu'on poursuivrait les conquêtes en Afrique, tant pour y étendre la religion chrétienne que pour y former des établissemens où l'on enverrait les fainéans et les vagabonds du royaume, sous la garde de nombreuses garnisons que l'on solderait avec les revenus du pays conquis, et auxquelles on assurerait, après un temps déterminé de service dans les provinces d'Afrique, des avantages considérables sur les lieux ; ce qui contribuerait à augmenter et à tenir en haleine les forces militaires de l'Espagne, sans imposer de nouvelles charges aux provinces européennes de cette monarchie.

Le cardinal Ximénès fut de retour à Carthagène cinq jours après en être parti ; Navarre resta chargé du soin d'étendre une conquête à laquelle sa valeur et son habileté avaient contribué quand il commanda seul. Sa principale expédition fut celle de Bugie, bientôt suivie de la première occupation d'Alger.

Nous laisserons parler Mariana. Aussi bien, c'est de lui ou des historiens qui l'ont copié que nous tenons les récits les plus circonstanciés de ces faits si intéressans à reproduire comme base historique de ceux qui vont suivre. Il est d'autant plus à propos qu'ils soient présentés avec quelque détail, que, malgré leur importance, les expéditions de cette première époque ont à peine été mentionnées.

« Le comte Pierre de Navarre avait dans le port de Mersalquivir 13 vaisseaux bien armés et bien équipés, pourvus de vivres et de munitions de guerre, et sur lesquels il avait fait embarquer des troupes aguerries et bien disciplinées; voyant le vent favorable, il monta sur sa flotte, après avoir fait la revue de son armée, mit à la voile, et prit la route d'Yviça, où Jérôme Vianelli l'attendait avec le reste de l'armée navale; ils restèrent quelque temps dans le port pour laisser passer l'hiver, et attendre que la saison permît de tenir la mer. Ces deux généraux déclarèrent alors à toute l'armée que le dessein était d'aller conquérir Bugie, qu'on appelait autrefois Tabraca[1]. La flotte partit d'Yviça le premier de janvier de l'année 1510: les principaux officiers qui y commandaient étaient Diègue de Vera, les comtes d'Altamire et de San Istevan Delpuerto, Maldonat, et les deux Cabrera frères; il y avait dessus plus de 5,000 hommes de bonnes troupes, une forte et nombreuse artillerie, et toutes sortes de munitions. L'impatience que le soldat avait de marcher à Bugie, dont il regardait la conquête et le pillage comme une chose assurée, ne permit pas aux généraux d'attendre plus long-temps.

« Bugie, sur la côte de Numidie, peu éloignée de la Mauritanie appelée Césarienne, est située au pied d'une montagne assez haute, escarpée et entourée de tous côtés de bonnes murailles, lesquelles, quoique vieilles, n'en étaient pas moins fortes; il y avait dans l'endroit le plus élevé un château bien fortifié et qui

[1] Mariana se trompe; c'est *Coba* que remplace Bugie. Tabraca en était à 75 lieues à l'est.

commandait toute la ville ; on y comptait alors plus de 8,000 familles [1].

« Notre armée navale arriva sur les côtes d'Afrique la veille des Rois, cinq jours après être partie de l'île d'Yviça ; les vents contraires nous empêchèrent d'approcher assez près de terre pour débarquer nos gens. Le roi maure parut sur le haut de la montagne avec 10,000 hommes d'infanterie et quelques escadrons de cavalerie ; les infidèles ayant voulu descendre de la montagne et s'avancer sur le rivage pour empêcher la descente, l'artillerie de nos vaisseaux les obligea bientôt à se retirer, et laissa la liberté à nos troupes de débarquer, ce qu'elles firent sans être inquiétées. A mesure qu'elles mettaient pied à terre, le comte Pierre de Navarre les rangeait en bataille, et il en forma quatre gros bataillons [2], qui marchèrent ensuite pour attaquer les Maures et les chasser de la montagne qu'ils occupaient ; mais ceux-ci n'osèrent attendre les chrétiens, ni défendre le poste avantageux où ils étaient campés. Voyant donc la contenance fière et assurée des Espagnols qui s'avançaient pour les combattre, ils prirent le parti de se retirer dans la ville avec précipitation et en désordre, comptant plus sur la force de leurs remparts que sur leur courage ; mais ils se trouvèrent en-

[1] L'importance du point de Bugie paraît n'avoir pas diminué aux yeux des Maures, si l'on en croit un des importans documens qui nous ont été communiqués par les Affaires Etrangères. « Avant le bombardement de 1783, les Algériens doutant de leur conservation, songeaient à se retirer à Bugie, qui « offre un bon port et une position telle, suivant les Anglais, « qu'on pourrait y faire un second Gibraltar. » Nous verrons Charles-Quint chercher à Bugie un refuge contre la tempête qui fit échouer son expédition d'Alger.

[2] Le lecteur se souviendra de la remarque que nous avons faite sur le même usage de ces gros bataillons devant Oran ; c'était la tactique de l'époque, imitée des bons temps de la tactique ancienne, et renouvelée de nos jours.

core trompés dans leurs espérances; car une partie de nos gens ayant trouvé un endroit de la vieille ville abandonné, plantèrent leurs échelles aux murailles; une autre partie étant descendue de la montagne en bon ordre, escalada la ville, qui fut en un moment emportée d'emblée. La consternation était si grande dans la ville, que les habitans n'osaient pas seulement se mettre en défense; car à mesure que les Espagnols entraient d'un côté, le roi maure et ses soldats en sortaient de l'autre; nos gens ne trouvant plus nulle résistance, se mirent à piller la ville, dans laquelle ils firent un très riche butin.

« Une victoire si prompte et qui n'avait rien coûté aux chrétiens, jeta l'épouvante et l'effroi dans toute l'Afrique; mais ce qui acheva de consterner les Maures, fut que dans la confusion qui régnait dans la ville quand elle fut prise, Muley Abdalla, qui était le roi légitime de Bugie, trouva moyen de se sauver de la prison où son oncle l'avait fait enfermer, et vint se mettre entre les mains du comte: celui-ci était trop habile pour ne pas profiter de la valeur de ses gens, que leur victoire avait encore rendus plus braves et plus hardis; il les mena donc sur l'heure même contre l'ennemi consterné, alla attaquer le camp d'Abdurahamel qui s'était retiré à huit lieues de Bugie avec le reste de ses troupes, et le contraignit une seconde fois de prendre la fuite et d'abandonner tous ses bagages: celui-ci ne se croyait en sûreté nulle part, et le comte ne pensait qu'à pousser plus loin ses conquêtes.

« Les villes voisines envoyèrent à l'envi des députés au victorieux pour lui offrir leurs clés, implorer sa protection et se soumettre à l'obéissance de Ferdinand. Alger fut la première qui donna l'exemple aux autres: quelques uns croient que c'est l'ancienne Cirta[1], capitale autrefois du royaume de Massinissa. *Les Arabes*

---

[1] Autre erreur de Mariana; Cirta répond à Constantine.

l'appelaient en leur langue Gezer, c'est-à-dire île, à cause d'une petite île qui en est proche, qui la couvrait et mettait le port en sûreté. Cette ville, en ce temps-là, était peu considérable; mais depuis, elle est devenue fameuse, la terreur de l'Espagne, et presque de tous les chrétiens qui naviguent sur la Méditerranée; elle s'est élevée à nos dépens et enrichie de nos dépouilles. »

Le roi de Tunis et la ville de Tedeliz ne tardèrent pas long-temps à suivre l'exemple d'Alger; il n'y eut pas jusqu'au roi de Trémécen et aux Maures de Mostagan qui n'envoyassent au comte des ambassadeurs pour lui demander la paix, et pour s'offrir à être tributaires de la couronne de Castille. Ces choses se passaient en 1510.

Toutes ces conquêtes, si rapidement effectuées par les négociations ou les armes de l'Espagne, ne furent pas aussi heureusement conservées. Alger et Tunis retombèrent et restèrent entre les mains des Maures, aidés du secours des Turcs. De ces conquêtes perdues, Tunis sera la première revendiquée, les armes à la main, par le puissant successeur de Ferdinand au trône d'Espagne et de Maximilien à l'Empire.

§ III.

Expédition de Charles-Quint contre Tunis, en 1535.

Le jeune empereur semblait encore plein des instructions de son sage mentor : il l'imita heureusement en quelques points, surtout dans les préparatifs; sous d'autres rapports, il ne suivit pas toujours d'assez près ses exemples.

Charles n'arrivait pas sur la côte africaine sans pouvoir y compter des appuis et des secours. Ce n'étaient pas des intelligences mystérieuses comme celles du cardinal à Oran : c'était un prince légitime (Muley-Hassem) dépossédé par un tyran habile et barbare (le premier

Barberousse), et qui comptait sur des partisans pour appuyer et servir son allié contre un ennemi plus redoutable que ceux qu'avaient pu avoir en tête les vainqueurs d'Oran.

Les motifs officiels de l'expédition étaient les mêmes que ceux qui avaient été proclamés par Ferdinand et Ximénès.

L'empereur, disent les historiens, recevait chaque jour de ses sujets d'Espagne et d'Italie des plaintes amères contre les excès des pirates africains et surtout de Barberousse. Celui-ci avait élevé sur le point de Tunis une puissance formidable; le port de La Goulette, qu'il avait fortifié, était l'abri de sa flotte. Ce point, voisin des ruines de Carthage, voisin du cap Bon, menaçait de près la Sardaigne et la Sicile, moins immédiatement, mais de trop près encore, l'Espagne et l'Italie. Les peuples invoquaient l'empereur.

Celui-ci, depuis sa dernière campagne de Hongrie, ayant acquis la conscience de ses talens militaires, ne respirait plus que la guerre.

Il rassembla à Cagliari 30,000 hommes de troupes excellentes, éprouvées par les fatigues et les victoires, commandées par le marquis du Gast, et il réunit pour les porter 500 navires.

Ces forces mirent en mer le 16 juillet, deux mois plus tard que l'expédition du cardinal Ximénès, 25 ans auparavant. La navigation fut heureuse.

Tout le monde connaît, on a lu partout les détails de cette brillante expédition contre Tunis : Robertson la raconte avec exactitude. Elle ne fut point sans obstacle; mais le courage des troupes, conduites par des chefs habiles, animées par la présence de l'empereur, exaltées par une cause patriotique et réputée sainte, surmontèrent glorieusement toutes les difficultés. Les historiens remarquent que Charles-Quint occupait les mêmes lignes qu'avait occupées saint Louis.

Barberousse avait rassemblé 20,000 chevaux et une infanterie nombreuse; mais ni les attaques redoublées et impétueuses de cette cavalerie, ni la résistance de la garnison, n'empêchèrent l'enlèvement d'assaut du fort de La Goulette, qui devait décider du sort de l'entreprise. Cette première conquête rendit l'empereur maître de la flotte et de l'arsenal. La flotte se composait de 18 galères, et l'artillerie montait à 100 canons, nombre prodigieux pour ce temps.

Une bataille générale, qu'il fut encore nécessaire de livrer pour entrer dans Tunis, ne fut pas un moment incertaine : la révolte des esclaves chrétiens acheva l'ouvrage de l'armée.

Tout était fini le 17 août: Muley-Hassem rétabli en vassalité de l'Espagne, 20,000 esclaves chrétiens délivrés, et l'empereur comblé de gloire et de bénédictions.

La saison, déjà orageuse, et les maladies de son armée, ne permirent pas à Charles de la diriger à la poursuite de Barberousse : un conseil de guerre l'en détourna. Lui-même éprouva une tempête violente, qui ne l'empêcha pas d'arriver de sa personne à Trapani, sur le galion amiral, monté par Doria; mais plusieurs vaisseaux furent dispersés par la violence des vents, et quelques uns portés jusqu'à Naples. Nous verrons cette leçon perdue pour l'expédition suivante, quoique la mer soit plus rude et la terre plus ingrate sur la côte d'Alger qu'à Tunis.

§ IV.

Expédition de Charles-Quint contre Alger, en 1541.

Ce fut en 1510 que les Espagnols, maîtres d'Alger, comme nous l'avons vu, par la soumission de toute cette côte, bâtirent un fort sur le roc isolé dont nous a parlé Mariana, et qu'on appelait *le peñon* d'Alger.

Cette circonstance de la première fortification élevée à Alger, méritait sans doute qu'on n'oubliât pas d'en faire mention expresse, et cependant aucun des écrivains qui, dans la circonstance présente, nous ont entretenu d'Alger, n'est remonté jusqu'à cette origine de sa force.

On conçoit quelle importance, comme mouillage et abri de navires, Alger avait emprunté de ce fort bâti par les Espagnols sur le rocher qui formait l'entrée de sa baie; il assura pour quelque temps la domination espagnole dans ces parages.

Mais la ville même d'Alger, que l'histoire présente comme ayant de tout temps, par les nombreux avantages de sa position, attiré une population considérable, s'impatienta de cette domination, et de ne pouvoir plus offrir aux pirates qui se multipliaient de jour en jour, un refuge assuré pour eux et lucratif pour les hôtes qui les recélaient.

Le désir et l'espoir de s'affranchir de ce ruineux assujétissement furent encouragés, chez les habitans d'Alger, par la nouvelle de la mort de l'habile et redouté Ferdinand, qui eut lieu en 1516, et qu'on croyait pouvoir être une cause de trouble et de faiblesse pour l'Espagne.

Alger appela à son secours un prince arabe renommé pour ses vertus et ses talens militaires (Sélim-Eutémi), et celui-ci invoqua l'assistance du même corsaire Barberousse. Le fort et sa faible garnison tombèrent entre leurs mains. Ils se brouillèrent par suite des circonstances d'une capitulation violée; bientôt le prince arabe avait péri, et son fils était en fuite, cherchant appui et vengeance parmi les Espagnols.

Plusieurs expéditions eurent lieu contre Alger, depuis qu'elle fut retombée aux mains des Infidèles.

En 1516, une flotte et 10,000 hommes, sous le commandement de Francesco de Vero, furent donnés au jeune prince; mais cette flotte ne toucha le rivage que pour se briser en partie contre les rochers : la catastrophe eut lieu le 30 septembre ; cette expédition n'eut pas même une lueur de succès, et les troupes ne débarquèrent que pour se livrer au pillage et à tous les excès ; elles périrent, presque entièrement, victimes de leur indiscipline, de l'habileté et de la fureur des ennemis, commandés toujours par Barberousse, conquérant du fort d'Alger, qui périt deux ans après, dans un engagement avec les chrétiens d'Oran, près de Trémécen, au commencement de juillet.

Cheredin, son frère, qui lui succéda, connu aussi sous le nom de Barberousse, non moins habile et non moins redoutable que le premier, fut menacé le mois d'août suivant par Moncade, avec une flotte de 26 vaisseaux et 6,000 hommes de débarquement, qui furent en vue d'Alger le 16 août ; mais le débarquement ayant été retardé, une tempête, qui s'éleva le 24, fit périr la plupart des vaisseaux et environ 4,000 hommes. Moncade et les débris de son expédition arrivèrent avec peine à Yviça. Les Maures restaient en possession d'Alger et de toute la côte.

Enfin, en 1541, vingt-cinq ans après la mort de Ferdinand, six ans après la glorieuse expédition de Tunis, Charles-Quint résolut de détruire cette nouvelle puissance, déjà redoutable à la chrétienté.

Plusieurs travaux successifs avaient changé l'aspect de la place et du port d'Alger, entre autres une jetée bâtie par Cheredin. Cette jetée, ou mole, joignait à la terre et aux murailles de la ville le rocher où avait été bâti l'ancien fort. Cheredin avait mis sous la protection du Grand-Seigneur, Alger et ses autres possessions.

Il arriva à Charles-Quint ce qui est souvent arrivé aux plus grands hommes ; corrompus par la fortune, ils comptent leur génie pour tout, les obstacles, même naturels, pour peu de chose, et négligent quelquefois les soins de la prudence et de la prévoyance les plus vulgaires.

Ne se souvenant que de la gloire et du bonheur de son expédition de Tunis, Charles-Quint oublia qu'à la fin de cette expédition, le mauvais temps, les maladies, avaient rendu pénibles son rembarquement et sa navigation; et cependant son retour avait eu lieu au mois d'août. Cette fois, au mois d'août encore, l'empereur n'était point arrivé au rendez-vous de son armée.

A ne considérer que la force et, en grande partie, la composition de cette armée, on pouvait s'en promettre les plus brillans succès.

Pierre de Tolède et Ferdinand de Gonzague avaient fait des levées de vieux soldats en Sicile et à Naples, où ils étaient vices-rois.

Le duc d'Albe, depuis si célèbre sous Philippe II, et qui, dans son extrême vieillesse, lui conquit le Portugal, avait enrôlé en Espagne beaucoup de noblesse et d'anciens militaires.

Fernand Cortès, le fameux conquérant du Mexique, et ses trois enfans, s'étaient présentés comme volontaires au roi d'Espagne, marchant en personne à la conquête de l'Afrique [1].

En Italie, les Colonna, les Doria, les Spinola, avaient rassemblé autour d'eux la meilleure partie des vieilles bandes exercées sous les plus renommés *condottieri*.

On avait recruté des bataillons formidables de vieux soldats allemands et bourguignons (wallons.)

Le grand-maître de Malte envoyait 500 chevaliers, chacun escorté de deux combattans.

Les flottes d'Espagne et de Gênes reçurent l'ordre d'embarquer les troupes rassemblées sur les rivages d'Espagne et d'Italie. Elles furent réunies sous le com-

[1] On verra l'opinion de ce grand homme quand Charles abandonna sa tentative contre Alger.

mandement du vieux André Doria, universellement regardé comme le plus grand homme de mer de son temps, et tout dévoué à l'empereur.

Ainsi les forces destinées à cette grande expédition se préparaient à la fois sur les divers points de ce bassin que nous avons appelé Méditerranée citérieure ; sur les côtes d'Espagne et d'Italie, qui forment avec celles de France le grand arc de cercle irrégulier dont la côte de Barbarie est la corde.

La concentration de ces forces maritimes semblait devoir être facile, et leur marche prompte sur le point désigné pour l'attaque.

Une circonstance paraissait favoriser l'entreprise ; Cheredin (le second Barberousse) était à Constantinople, et son absence faisait espérer une défense moins vigoureuse ; mais il avait laissé à Alger un gouverneur trop digne de sa confiance, Hassan Aga, eunuque renégat, d'origine Sarde, d'une bravoure égale à sa cruauté, et qui rappelait par ses talens le fameux eunuque Narsès.

Le 16 septembre, Charles eut à Lucques une entrevue avec le pape Paul III (Farnèse), dans laquelle celui-ci, entre autres représentations également mal reçues de l'empereur, le conjura de ne plus penser à une expédition déjà si tardive.

Du Gast à Gênes, Doria, jusqu'au dernier moment, renouvelèrent aussi inutilement les mêmes instances.

36 galères étaient rassemblées à La Spezzia ; Charles s'embarqua le 1er octobre à Porto-Venere.

Le rendez-vous général des flottes combinées était à Mayorque.

Pendant 15 jours, Doria, qui avait l'empereur à son bord, fut retenu par les vents dans les parages de Corse et de Sardaigne.

Le 14, il entra à Mahon par un gros temps.

Le 15, il trouva à Majorque la flotte Maltaise.

La flotte espagnole était encore contrariée par les vents.

Le 17, elle se rallia au gros de l'expédition, à l'exception de quelques vaisseaux qui avaient fait directement route pour Alger.

Nous allons continuer à donner, jour par jour, les faits de cette expédition ; rien n'éclaire plus utilement les récits historiques que l'exacte et fréquente mention des dates. Il n'a pas fallu un soin médiocre pour établir celles de cette narration ; les historiens les plus renommés dans le sujet desquels cet épisode, cependant si intéressant, est tombé, semblent s'être donné le mot pour apporter dans la partie des dates la plus déplorable négligence : à peine relatent-ils quelques unes des principales. Ensuite ils déduisent les faits en les attribuant de temps en temps au *lendemain*, aux *jours suivans* ou au *jeudi*, au *samedi*; ce qui reste parfaitement obscur, quand il n'y a point d'antécédent fixe et de jalons exactement posés ; trop heureux quand ils articulent un jour de fête, et encore quand ce n'est pas une *fête mobile*.

Ici, le principal point de repère, le jour du débarquement, fixé au 26 octobre par Marmol, est consenti implicitement ou explicitement par tous les historiens.

Ferreras, qui met l'escadre en vue (ou, à cause du gros temps, en possibilité de vue) d'Alger le 20 octobre, s'accorde visiblement, par le récit des faits et la mention des jours qui suivent, avec Marmol ; le 31 octobre et le 1er novembre ne sont pas moins généralement consentis pour les jours de rembarquement, et le 2 novembre pour la relâche de Charles-Quint au port de Bugie. Robertson dit le 2 décembre ; mais c'est évidemment une erreur, ou plutôt une faute d'impression, puisque, de l'aveu de tous, Charles partit de Bugie pour Carthagène le 16 novembre, et était en Espagne dans les derniers jours du même mois.

Après avoir rendu compte au lecteur du soin avec lequel nous avons cherché à établir les dates journalières d'une expédition où tout mérite d'être étudié, nous allons lui présenter les faits dans la série que nous avons adoptée et qu'il peut vérifier, d'ailleurs, ou rectifier sur les écrivains originaux.

C'est donc le 18 octobre[1] que le convoi rallié, sauf la faible exception que nous avons mentionnée, fait voile vers sa destination.

Il est au nombre de 200 vaisseaux, 70 galères, environ 100 plus petits bâtimens.

Le 19 et le 20, une tempête furieuse et une brume épaisse empêchent de découvrir la terre, dont cependant on est près.

Le 21, on aperçoit les rivages d'Afrique, et, à l'ouest d'Alger, les vaisseaux qui s'étaient avancés et qui tenaient la côte à environ dix milles de la ville.

Quand ces vaisseaux s'approchèrent du gros de la flotte, l'empereur les renvoya avec ordre de continuer l'exploration de la côte et de la menacer sur divers points.

Le 22, il détacha 12 autres bâtimens à l'est, pour reconnaître un point de débarquement commode et, s'il était possible, abrité contre le gros temps qui continuait avec violence.

Les meilleurs mouillages furent désignés à l'est d'Alger; en conséquence, la flotte s'y étant avancée passa devant la ville et vint jeter l'ancre dans la rade.

On commençait déjà les préparatifs du débarquement qu'on voulait effectuer le lendemain 23; mais

---

[1] Le journal *le Spectateur militaire*, dans un morceau qui est, de beaucoup, ce qu'en ce genre et en cette circonstance on a publié de mieux, adopte les mêmes données et les mêmes dates que nous. C'est une raison de plus pour nous de les croire plausibles.

dans la nuit, la mer, un moment calmée, grossit de nouveau et obligea de remettre l'opération.

La flotte leva l'ancre pour aller se placer de l'autre côté du cap Matifouz, où elle devait être moins tourmentée par le vent.

Le 23, et pendant cette marche, deux bâtimens turcs envoyés à la découverte, donnèrent dans la flotte impériale ; l'un eut le temps de se faire échouer, l'autre fut pris et donna quelques renseignemens.

L'Empereur apprit de lui, ou put apprendre qu'Hassan n'avait dans la ville, pour garnison, en troupes aguerries, que 700 ou 800 Turcs, et environ 6 mille Maures réfugiés ou descendans de réfugiés de Grenade.

On avait excité à la commune défense du pays, tous les Maures, Arabes, Berbères, répandus sur la côte; du reste, il avait été décidé que, vu la saison qui devait de manière ou d'autre contrarier les opérations des assaillans et leur donner des directions imprévues, on les attendrait derrière les murs avec les troupes réglées, et on lancerait les bandes irrégulières sur le rivage pour harceler le débarquement. L'effet de ces dernières mesures fut fort peu de chose.

Le 24, l'empereur détache sur un bateau pêcheur Jacob Bosse et Ferdinand de Gonzague, pour reconnaître d'une manière plus précise, sur la plage qui a été choisie, les points les plus propres à la descente.

Le 25, sur le rapport de ces deux habiles explorateurs, on arrête le plan du débarquement. Le temps est un peu plus calme ; toute la flotte reprend son mouillage dans la rade.

Le 26, à moins d'une lieue à l'est d'Alger, on met à terre l'infanterie et neuf pièces d'artillerie qui écartent les Maures et assurent le débarquement.

L'armée présente :

22,000 hommes d'infanterie, dont 6,000 espagnols, 6,000 allemands, 6,000 italiens, 3,000 volontaires,

1,500 Maltais et 1,100 chevaux venus de Naples ou d'Espagne.

Les chevaux et les canons sont débarqués les derniers, et seulement le second jour, et ne le sont pas en totalité.

Les soldats montrent beaucoup d'ardeur.

Les premières attaques des cavaliers maures furent reçues avec vigueur par l'infanterie espagnole; ils revinrent en plus grand nombre, le canon de la flotte les dispersa.

L'armée se forme en trois corps.

L'avant-garde, sous Ferdinand de Gonzague, est composée des troupes espagnoles.

Le corps de bataille, commandé par l'empereur en personne, est principalement composé des Allemands.

L'arrière-garde ou réserve, sous Camille Colonne, est formée des Italiens et des Maltais, des volontaires, etc.

Dans cet ordre, l'armée avance encore mille pas, et prend position entre deux petits cours d'eau, dont la saison a déjà fait des torrens.

Un conseil de guerre arrête une insignifiante sommation, et cependant on reconnaît qu'il n'y a pas un moment à perdre pour s'occuper du siége.

Au retour du parlementaire [1], et lorsque l'armée commence à s'établir pour passer la nuit, les Maures redescendent des hauteurs; on est obligé de se défendre toute la nuit; on le fait avec succès, mais l'armée a pris peu de repos.

Le 27, on commence à serrer et à investir la place.

Du lieu où elle avait débarqué, et dans son dé-

---

[1] Ce parlementaire vantait à Hassan-aga la grande puissance du vainqueur de Tunis et l'invitait à s'y soumettre, à quoi Hassan répondit « qu'il était fou de donner conseil à son « ennemi et encore plus fou d'en recevoir; qu'il se défen- « drait. »

ploiement circulaire pour former cet investissement, l'armée est dominée à sa gauche par des hauteurs d'où les Arabes descendent, et dans les gorges desquelles ils se réfugient.

L'avant-garde, sous Ferdinand de Gonzague, est chargée de couronner ces hauteurs pour en chasser les Maures, pour favoriser les opérations de l'armée chrétienne, et pour assurer l'investissement total de la place.

Elle s'empare donc des hauteurs et particulièrement d'un point important qui, bien que dominé au midi et du côté opposé à la place, domine au nord, à l'est et à l'ouest, la place et les mamelons qui vont en s'abaissant jusqu'à la mer.

L'armée alors s'étend et prend successivement position sur tous les points nécessaires pour compléter l'investissement par terre.

Le corps du centre, à la tête duquel a marché l'empereur, se trouve le plus loin de la mer; le quartier-général de Charles est placé dans un ermitage nommé *Sidi Jacoub*, devenu bientôt le fort de l'Empereur, aujourd'hui *Soultan-Cal-aci*[1].

Les troupes de cette division occupent les collines où l'on voit aujourd'hui un magasin à poudre, en face du cimetière et de la partie sud des murailles.

A la gauche de ce quartier central, l'avant-garde s'avançait et s'étendait vers la mer du côté de la rade opposé à celui du débarquement; tandis qu'à droite du quartier-général impérial, dans la direction de cette position au point du débarquement et par un terrain

---

[1] Ce point, sur lequel les deys d'Alger, instruits par le choix qu'en avait fait Charles-Quint, ont élevé depuis la fortification permanente, appelée aujourd'hui château ou fort *de l'Empereur*, est placé pour battre la ville, bien mieux encore que pour la préserver, étant lui-même dominé par des hauteurs voisines, du côté opposé à la place.

qui allait toujours en s'abaissant vers la mer, s'étendait la ligne des Italiens et des Maltais; elle occupait, comme avant-poste vers la ville, le pont de pierre qui se trouve entre la ville et le fort actuel de Bab-Azoun.

Dans cette position, l'armée embrassait, comme dans une équerre, deux côtés du triangle que forme la ville et dont la pointe est à l'ouest.

L'autre côté du triangle est formé par la mer, le port et ses ouvrages.

Non seulement, si le temps avait favorisé le blocus maritime, les secours du dehors ne pouvaient entrer dans la place ni par mer ni par terre, mais de ce dernier côté les chrétiens étant maîtres des premières hauteurs vers la ville et la mer, ces hauteurs laissaient derrière elles des ravins qui rendaient plus difficile l'attaque des Maures, qu'on pouvait défendre contre eux et dont leur cavalerie devait franchir l'escarpement pour aller jusqu'aux camps des chrétiens, ce qui amortissait cette promptitude et cette impétuosité, seul caractère redoutable de cette cavalerie.

On ne peut s'empêcher de reconnaître que toutes ces dispositions étaient très bonnes, et qu'on pouvait en tirer raisonnablement toutes les conjectures d'un heureux succès.

Ces augures favorables vont se changer en présages funestes, et les élémens rendront inutiles ces sages dispositions. On s'en étonnera moins quand on aura observé quelques circonstances, qui, dans d'autres conjonctures, et surtout dans une autre saison, auraient été de peu de conséquence.

Le 27 octobre au soir commença une pluie abondante et par nappe, comme elle tombe quelquefois deux et trois jours de suite dans les pays chauds et sujets aux plus longues sécheresses. Cette pluie froide, mêlée de grêle et accompagnée d'un vent violent, continua toute la nuit.

Les bagages n'avaient point encore été débarqués. On avait commencé et avec raison par les combattans.

Le soldat n'avait que son plus simple vêtement, point de tente, et pour lit que le sable délayé dans les torrens qui tombaient du ciel ou qui descendaient des montagnes. Cette situation était sans doute fâcheuse, et surtout d'une affreuse incommodité ; on ne songea pas assez qu'elle ne pouvait être durable.

Ce qui se passait sur mer était plus terrible encore que ce qui avait lieu à terre.

Les vaisseaux perdirent leurs ancres ; une partie se brisa sur la côte, d'autres furent engloutis, d'autres emportés au large.

La journée du 28 octobre éclaira tous les désastres de la nuit ; elle fut encore plus tempêtueuse que la veille. Les hommes eurent peine à se tenir debout pendant toute cette journée, et pendant toute cette journée ils eurent faim et froid, sans espoir de manger et de se couvrir.

Deux jours de vivres, tout au plus, pris par les plus avisés, lors du débarquement, étaient épuisés, et il n'y avait nul espoir de les remplacer. Tous les vaisseaux qui n'avaient pas été engloutis étaient écartés de la côte ou s'y étaient brisés.

On n'ignorait pas dans la place la situation des assaillans. Sur le terrain demeuré le plus ferme et par la porte de Bab-Azoun, Hassan-aga fit une sortie, surprit et tailla en pièces trois compagnies italiennes qui gardaient le pont de pierre.

Le camp prit les armes ; mais les fusils, tels surtout qu'on s'en servait dans ce temps-là, ne firent plus feu. Cependant l'ennemi fut repoussé vigoureusement jusque dans la ville ; mais comme on allait y entrer à sa suite et pêle-mêle avec lui, Hassan-aga, sans égard au danger des siens, fit fermer la porte. Beaucoup d'infidèles périrent, mais un plus grand nombre de chrétiens,

Hassan-aga fit une nouvelle sortie : les chevaliers de Malte furent repoussés jusque entre deux mamelons où ils tinrent ferme. L'Empereur vint en personne au secours de ces braves, à la tête d'une division allemande, et mit fin à cette lutte glorieuse et inégale.

Les historiens vantent le sang-froid de Charles-Quint, qui vit, sans changer de visage et sans interrompre son discours, tomber autour de lui plusieurs de ceux auxquels il parlait.

On rapporte à cette action les traits les plus étonnans et même les plus bizarres de bravoure et d'adresse individuelle [1].

La perte des Italiens fut considérable; celle des Allemands peu de chose; mais quand, au retour du combat, les uns et les autres tournèrent les yeux vers la mer qui leur enlevait tout secours, le désespoir les gagna, et alors leur apparut l'idée affreuse de tomber vivans aux mains des infidèles et d'y voir aussi tomber leur empereur, c'est-à-dire le réprésentant de la civilisation et de la chrétienté.

La plage était couverte de cadavres d'hommes et de chevaux naufragés; ceux de ces malheureux qui avaient gagné terre y avaient trouvé les Maures, et se défendaient péniblement contre leur avarice et leur cruauté. L'Empereur envoya 2,000 espagnols à leur secours.

Le 29, le temps étant un peu moins orageux, fut plus propre à faire reconnaître les désastres des deux jours précédens : 150 bâtimens et près de 8,000 hommes avaient péri. Ce fut ce jour-là que l'énergique vieillard Doria, ralliant de nouveau au cap Matifouz des débris de la flotte, écrivit à Charles cette lettre dont on a cité une version peu authentique, mais

---

[1] Entre autres celui d'un chevalier de Malte, frère de l'historien Villegagnon, qui saute en croupe d'un Arabe, poignarde le cavalier et reste maître du cheval.

dans laquelle il est certain qu'il le conjurait de se rembarquer.

L'Empereur s'y décida et fut grand dans sa retraite; il pourvut d'abord aux premiers besoins du soldat en faisant tuer les chevaux qu'on avait débarqués (tous n'avaient pas pu l'être). On a écrit que lui-même, tant que les soldats n'eurent pas à manger, s'était privé de toute nourriture.

Il fit avec un soin particulier placer les blessés au centre de la colonne.

Le gros des troupes fit environ cinq milles le long de la plage, jusqu'à la rivière d'Aratch, à peu près à moitié du chemin circulaire qu'il faut parcourir pour aller de la ville au cap Matifouz. On trouva la rivière impossible à franchir à gué; elle était extraordinairement enflée et débordée. On campa faisant face au sud-ouest; le camp formait avec la rivière et la mer un triangle, où l'on prépara pendant la nuit un pont avec les débris des vaisseaux naufragés. L'avant-garde et l'arrière-garde tenaient l'ennemi éloigné.

Le lendemain 30, le gros de l'armée passa sur le pont. Les eaux torrentueuses s'étaient écoulées; il y eut un endroit guéable un peu en amont du campement. A l'embouchure même, l'écoulement des eaux permit à l'empereur de passer à gué entre deux pelotons de mousquetaires.

A une plus grande distance de l'Aratch que cette rivière ne l'est de la ville, on trouva, avant d'arriver au lieu de l'embarquement, la rivière Hamise, profonde et fangeuse, au point qu'hommes et chevaux s'y enfonçaient; mais on y fit d'autant plus facilement un pont, qu'on était près de la flotte et des ressources qu'elle offrait. L'armée passa la rivière, campa sur la rive droite : elle était proche du cap Matifouz, point du rembarquement; elle y toucha le 31 octobre; elle tira des vivres de la flotte et commença l'opération.

Le 1er novembre, le rembarquement continua sans que les Maures l'incommodassent beaucoup. La perte des vaisseaux rendait insuffisant le nombre de ceux qui restaient; on laissa les chevaux encore vivans sur le rivage, on jeta à l'eau ceux qui n'étaient pas encore débarqués.

L'Empereur, en retrouvant Doria, avoua qu'*il était puni pour lui avoir désobéi.*

On mit à l'ordre de l'armée que le siége d'Alger était renvoyé à l'année suivante; on fit voile pour Bugie : les vents nord-ouest rendirent encore périlleuse cette navigation; et pendant que la flotte doublait le cap Matifouz, un vaisseau espagnol, qui portait 400 hommes, avait touché sur un rocher et avait péri. On arriva le 2 novembre à Bugie, où l'Empereur fit faire quelques ouvrages pour sa sûreté.

Après avoir remercié les chefs et les corps qui étaient venus s'associer à son entreprise, et laissant chacun maître de faire la route qu'il voudrait pour regagner sa destination, Charles partit de Bugie le 16 novembre, et rentra en Espagne par Carthagène.

Certes, nous n'avons déguisé aucun des douloureux détails de cette expédition; et pourquoi l'aurions-nous fait? Mieux on la connaîtra; plus fortement il en devra résulter cette double conviction, que ce qui fut au moment de la faire réussir complétement peut être heureusement imité par toute grande puissance; que ce qui la fit manquer et la rendit funeste est facile à éviter ou à surmonter par tout sage gouvernement et tout chef prudent et avisé.

Que peut-on, en effet, sensément conclure contre une expédition raisonnable faite à temps et ayant tout son développement, d'une expédition manquée par les raisons qui firent manquer celle de Charles-Quint?

Ces causes de désastres furent, pour le matériel, le choix de l'époque de débarquement, fait en temps si inopportun, et les phénomènes de l'atmosphère, qui devaient naturellement ajouter aux dangers et à tous les inconvéniens d'un moment aussi mal choisi : plusieurs causes morales qui se lièrent à ces circonstances matérielles, ne furent pas moins efficaces et ne sont pas moins susceptibles d'être évitées.

On marchait avec beaucoup trop de présomption, et plutôt comme à une fête que comme aux combats et aux privations. Le désappointement produisit le désespoir ; la réaction d'une espérance exagérée fut terrible, et, seule à peu près, l'ame de Charles-Quint resta au niveau de son malheur et de son devoir.

Si de sages instructions avaient été répandues et popularisées dans l'armée, on aurait su que la brièveté des intempéries était égale à leur violence ; on se serait armé d'une patience qui aurait laissé passer et surmonté le mal ; mais on était accouru à la proie et non au travail : on a trouvé le travail rude et on s'est découragé. Encore une fois, le mal réel a consisté dans un moment mal choisi ; tous les autres ont autant procédé de l'imagination que de la réalité. Depuis les Romains, qui surent prévoir la défaite, les privations, les obstacles, les maux de tout genre, peu de nations, peu de leurs chefs ont su faire autre chose qu'enfler leurs soldats d'espérances exagérées, qui se tournent en abattement dès qu'un obstacle puissant ou imprévu se présente.

Croit-on que ce fut une force bien appropriée à cette expédition, que 3,000 volontaires, *la fleur de la noblesse italienne et espagnole, qui s'était empressée de faire sa cour à l'Empereur en le suivant* [1] ?

Quiconque connaît les hommes, la société et les armées, croira aisément comme nous tout ce que racontent les historiens de la bravoure brillante de ces

---

[1] Ce sont les expressions de Robertson.

guerriers, mais conviendra également avec nous que ce n'étaient pas là les élémens d'une armée destinée à souffrir les conséquences d'une saison mal choisie; et, quels qu'aient été leurs faits d'armes, que nous n'avons garde de contester, ces hommes furent assurément plus incommodes qu'utiles; le souvenir de Tunis les trompa tous et les perdit.

On peut juger de la terreur profonde qui s'était sympathiquement emparée même des troupes régulières et long-temps éprouvées, par ce qui arriva aux vieilles bandes espagnoles. « L'Empereur résolut, dit Ferreras, de faire rembarquer les troupes, et, afin que cela s'exécutât avec moins de risques, il chargea les Espagnols de faire tête à l'ennemi. Une des compagnies espagnoles s'imagina, en voyant l'Empereur s'avancer vers la mer, qu'il allait s'embarquer sans eux, et, dans cette pensée, ils commencèrent à murmurer et à s'affliger; mais l'Empereur, qui s'en aperçut, leur dit avec un air de bonté, qu'ils pouvaient se rassurer, parce qu'il resterait à terre jusqu'à ce que tout son monde fût hors de danger. »

Il n'y a point de militaire qui ne comprenne à ce seul trait, rapporté par les historiens uniquement pour faire honneur à l'Empereur, à quel degré était porté le découragement de ses troupes.

Cependant tous ses vieux guerriers n'en étaient pas également atteints : Fernand Cortès, le fameux conquérant du Mexique, est signalé parmi ceux qui répondirent, jusqu'au dernier moment, de prendre Alger, si Charles, en partant de sa personne, voulait leur laisser, avec une force suffisante, les vivres qui étaient sur les vaisseaux. Un conseil de guerre s'y opposa.

Il y a plus : on lit dans l'*Histoire de l'Empire des Schérifs*, que « Charles ayant relâché au port de Bugie avec ses vaisseaux à demi brisés, le roi de Couco, grand ennemi des Algériens, en apprenant l'arrivée de l'Empereur, lui envoya des ambassadeurs pour lui offrir des munitions de guerre, de l'argent et des troupes, s'il voulait retourner devant Alger; mais Charles, abattu par ces premiers revers de la fortune qui l'avait jusque-là toujours favorisé, refusa les offres du roi de Couco et continua sa route. »

Le prince maure savait mieux que Charles-Quint, que la tempête est passagère, qu'il importe surtout de ne pas s'en étonner et s'abandonner soi-même; que, dans ces climats, des pluies si terribles ne sont pas éternelles, qu'elles sont même rares et promptement suivies de beaux jours; il savait aussi peut-être de l'ennemi des nouvelles favorables à l'Empereur; mais le moral de celui-ci était frappé, le mal était sans remède.

En effet, Charles-Quint, avec ce courage admirable, mais sombre et triste, qui ne le quitta point dans tous les détails de cette expédition, semble un homme qui se soumet aux décrets de la fatalité, qui accepte un grand châtiment: il avait effectivement plus d'un genre de reproches à se faire, de fautes et de crimes; de fautes, toute l'expédition et tous les avis qui lui avaient été donnés l'attestent; et dans cette entrevue avec le pape, où il repoussa avec obstination de si sages conseils, il avait fait l'aveu implicite d'un grand crime, et la forme de cet aveu avait été un outrage [1] à l'humanité même.

Ce qui causa en partie la retraite de Charles, laquelle n'aurait peut-être pas été nécessaire sous un autre chef (c'était, on l'a vu, le sentiment de quelques uns de ses généraux), ce fut que l'armée était frappée de l'idée

[1] On assure que dans cette entrevue une des propositions que lui fit le pape fut de faire des réparations pour l'assassinat odieux des deux ambassadeurs français Rinçon et Frégose, à quoi l'empereur aurait répondu: « *De minimis non curat prætor.* »

effroyable d'être prisonnière des barbares, et surtout de voir tomber entre leurs mains le chef et pour ainsi dire le représentant de la chrétienté, et renouveler saint Louis à Damiette : mais la conscience de Charles, comme on vient de le voir, n'était pas celle de Louis. Nous insistons sur ces circonstances, non encore assez observées, et qui sont entrées pour beaucoup dans la catastrophe qui a terminé une expédition dans laquelle on peut admirer bien des parties et trouver dans toutes d'utiles renseignemens [1].

§ V.

Diverses expéditions contre les Barbaresques, ordonnées par Louis XIV, depuis l'an 1663 jusqu'en 1688.

Ces expéditions sont au nombre de neuf : la seconde est la seule qui ait été accompagnée d'un débarquement.

En 1663, le duc de Beaufort, avec six vaisseaux et six galères, donna la chasse aux corsaires d'Alger, leur coula à fond une vingtaine de navires et les obligea de se tenir pendant quelques mois renfermés dans leurs ports.

Ils excitèrent bientôt de nouvelles plaintes de toutes les nations littorales de la Méditerranée. Le même duc de Beaufort fut chargé de la partie maritime de la seconde expédition; elle eut lieu l'année suivante : seize vaisseaux, sous ses ordres, portaient 6,000 hommes de débarquement commandés par M. de Gadagne, of-

[1] On sait que quand l'Empereur, de retour en Europe, envoya une chaîne d'or au fameux satirique Arétin, celui-ci, la pesant dans sa main, dit insolemment qu'elle était un peu légère pour une faute aussi lourde. Il avait raison; il n'y a à proprement parler qu'une seule faute, mais qui domine tout, c'est d'être parti trois mois trop tard; la civilisation de l'Afrique a peut-être tenu à cette circonstance.

ficier de réputation dans l'infanterie française, et qui avait appris la guerre sous Gustave-Adolphe.

Le débarquement eut lieu devant Gigéry, petit village à 50 lieues au levant d'Alger, à l'ouest de l'ancien golfe de Numidie, dans une situation abritée par des rochers. L'expédition fut heureuse d'abord : on s'empara du village, on bâtit un fort, on défit un corps considérable de Maures. Les historiens ne donnent pas la date précise du débarquement, mais tous conviennent qu'au mois d'octobre tout était abandonné.

En 1665, le même duc de Beaufort joignit la flotte algérienne à la hauteur de Tunis, et lui fit éprouver de telles pertes, que seize ans se passèrent sans qu'on fût obligé d'armer de nouveau dans les ports de France pour réprimer les insultes des Barbaresques.

En 1681, Duquesne et, sous lui, Tourville, détruisirent presque entièrement la flotte tripolitaine; la paix se fit par l'entremise du Grand-Seigneur. L'action principale avait eu lieu sous Chio.

L'année suivante, le même Duquesne mit à la voile, de Toulon, le 12 juin, avec 4 vaisseaux, 3 brûlots, 3 flûtes et 2 tartanes. M. de Forans, parti de Brest, le joignit le 20, près de Formentera, une des petites Baléares, avec le vaisseau l'Étoile et 5 galiotes. Le lendemain, ils joignirent Tourville sur la côte africaine, entre Alger et Cherchel. L'expédition entière se composait de 11 vaisseaux de guerre, 15 galères, 5 galiotes à bombes, 3 brûlots, quelques flûtes et tartanes ; chaque galiote portait 2 mortiers et 4 pièces de canon. Un vaisseau algérien fut brûlé sous Cherchel, deux sous Alger, et la place vigoureusememt bombardée; mais l'opération du bombardement n'avait commencé qu'en août; l'influence de la saison ramena dans les ports de France notre expédition, qui, au retour, fit éprouver de nouvelles pertes à la marine algérienne.

En juin 1683, le bombardement fut repris; la moitié

de la ville fut renversée[1]. Le dey, au moment de traiter, fut massacré par sa milice. Le nouveau dey (Mezzo Morto) n'eut guère moins à souffrir de l'impatience avec laquelle la population supporta les dégâts causés par notre bombardement : la ville fut au moment d'être entièrement détruite; aucun édifice ne restait intact, lorsque les approches de l'équinoxe engagèrent Duquesne à se retirer, en faisant toutefois continuer le blocus. Malgré cette retraite, les Algériens avaient tant souffert qu'ils se résolurent (en 1684) à faire cette soumission si humble dont tous les historiens parlent, et à laquelle la régence ne fut pas long-temps fidèle.

En 1685, le maréchal d'Estrées imposa aux Tripolitains et au dey de Tunis une paix à peu près semblable.

En 1687, Tourville fut obligé de donner une nouvelle leçon aux Algériens. Ceux-ci firent des pertes considérables sur mer ; mais il n'y eut de nouvelle attaque contre la ville que l'année suivante, au mois de juillet. Sous le maréchal d'Estrées et Tourville, nos vaisseaux et nos galiotes jetèrent, disent les historiens, plus de 10,000 bombes dans Alger ; presque toutes les maisons furent plus ou moins endommagées; 5 vaisseaux algériens furent coulés à fond.

Cette longue série d'expéditions fut honorable pour la marine française, mais ne pouvait être décisive contre Alger. L'Angleterre ne fit pas non plus cesser les pirateries de la régence ; seulement Ruyter en préserva quelque temps les Hollandais.

---

[1] Des bombardes d'une nouvelle invention, construites dans le port de Toulon, sous la direction du fameux Renaud, produisirent le plus grand effet.

§ VI.

Reprise d'Oran par le comte de Montemar, sous Philippe V, en 1732.

La célèbre conquête de Ximénès, Oran, était retombée, en 1708, entre les mains des Maures, pendant que l'Espagne était occupée et affaiblie par la guerre de la Succession.

Affermi en 1732, Philippe V songea à recouvrer Oran; il chargea de ce soin le comte de Montemar[1], qui s'en acquitta avec un bonheur mérité par ses bonnes dispositions, son activité, sa sagesse et son audace.

Si l'expédition que la France prépare en ce moment devait avoir lieu sur le même terrain, il ne faudrait omettre aucune circonstance de celle-ci, car elle offrirait un exemple utile à consulter dans tous ses détails. Nous nous contenterons d'indiquer ce qui peut s'appliquer heureusement à tous les terrains et à toutes les opérations du même genre.

Comme sous Ximénès, ce fut de Carthagène que partit, mais seulement le 5 juin 1732, une flotte composée de 12 vaisseaux de ligne, 2 frégates, 39 autres bâtimens de guerre et 500 transports.

Les troupes de débarquement se composaient de 25,000 hommes d'infanterie et 3,000 de cavalerie: plusieurs détachemens des gardes espagnoles et wallones en faisaient partie.

Les vents, toujours si incertains sur cette côte, furent contraires pendant dix jours; et, quoique Oran ne soit qu'à 50 lieues de Carthagène, on ne fut en vue que le 25; on ne jeta l'ancre que le 28.

Oran avait un mur d'enceinte, une citadelle, et était

[1] Le même qui depuis gagna la bataille de Bitonto, et en porta le nom avec le titre de duc.

protégée par cinq forts extérieurs, dont les principaux étaient le fort de Santa-Cruz et celui de Mersalquivir; ce dernier n'était pas, comme lors de la première conquête, au pouvoir des Espagnols, et dans le cas de les servir dans leur attaque contre la ville. Ce fort était bâti sur un roc, par conséquent à l'abri de la mine, et protégeait le port.

Le fort Santa-Cruz passait pour imprenable.

Le comte de Montemar exécuta son débarquement, non comme le cardinal, dans le port de Mersalquivir, sous la protection du fort, mais à une lieue au couchant, sur la plage de *las Aguadas*, le 29 juin. L'infanterie débarqua la première, sous le feu de l'artillerie, et fit bientôt place à la cavalerie et aux dragons.

Le comte de Montemar, qui ne s'exagérait pas les forces de son ennemi, ne compta qu'environ 10,000 ou 12,000 Maures rassemblés sur le rivage pour s'opposer au débarquement, et dont les vives escarmouches firent peu d'effet sur des troupes en bon ordre et sagement conduites.

Cette cavalerie irrégulière, bientôt convaincue de son impuissance, disparut et se retira dans les montagnes.

Les obstacles naturels étaient assez multipliés. Immédiatement après avoir pris terre, les Espagnols avaient à gravir une hauteur rapide, très sablonneuse, qui les conduisait à une plaine d'environ une demi-lieue de large, couverte de cailloux roulans et de buissons.

Le sage Montemar contint l'ardeur de ses troupes, qui voulaient poursuivre les Maures fugitifs, comme nous le verrons faire, à son grand dommage, au marquis de la Romana, commandant l'avant-garde d'O'Reilly.

La confiance des Espagnols, fondée sur leur courage, était telle en cette occasion, qu'elle aurait pu leur nuire de plus d'une manière. Quand la nuit vint, les soldats se refusaient à dresser des chevaux de frise pour arrêter et embarrasser l'impétuosité des cavaliers Maures, qui auraient pu se présenter de nouveau : leur sage commandant les y obligea.

Cette nuit fut si froide (du 29 au 30 juin), qu'on fut obligé d'allumer partout des feux de bivouac.

Le 30, à la pointe du jour, on commença à travailler à la construction d'un fort de campagne, qu'on éleva au bord de la mer, dans un emplacement qui protégeait le transport des munitions et toutes les communications de l'armée avec la flotte.

Les Maures revinrent en assez grande force pour inquiéter les ouvriers et troubler les travaux; on crut, cette fois, compter environ 24,000 hommes, dont 22,000 Arabes et 2,000 Turcs : plus de 15,000 hommes, sur ce nombre d'assaillans, étaient à cheval; tous étaient mal armés et parurent pourvus d'un petit nombre de pièces de campagne fort médiocres.

Dirigée d'abord contre les travailleurs et le détachement qui les couvrait, au secours duquel il fallut promptement arriver, l'action devint bientôt générale, et le comte de Montemar y marcha lui-même avec la plus grande partie de ses troupes. Il se hâta de faire couronner, en arrivant, des hauteurs d'où les Maures venaient se précipiter tumultueusement, et qui, dans des mains habiles, auraient été difficiles à occuper.

L'armée maure, se voyant coupée, par cette manœuvre, de ses communications avec la ville, ne tarda pas à entrer en confusion et en retraite. Cette échauffourée, car ce grand combat ne fut guère autre chose, ne coûta aux Espagnols qu'environ 30 morts et 100 blessés. C'est le comte de Montemar lui-même qui nous l'apprend. La perte des vaincus ne lui paraît pas, non plus, avoir été très considérable.

La nuit suivante, deux alertes, dont on ne connut pas la cause, jetèrent dans les postes quelque désordre qui n'eut point de suite; les communications des troupes les plus avancées avec les vaisseaux ne furent point troublées.

Du côté des Maures, le découragement et la confusion étaient au comble.

Le dey, effrayé de sa défaite et comptant peu sur l'affection des siens, s'enfuit dans l'intérieur des terres avec sa garde, ses femmes et ses effets les plus précieux chargés sur 200 chameaux.

L'armée entière se mit en retraite ou plutôt se débanda, non sans d'horribles violences sur les chrétiens demeurés en leur puissance. Le consul de France, qui eut peine à se sauver, usa de sa liberté pour annoncer la fuite des Maures et l'abandon de la place au général espagnol. Celui-ci, d'une des hauteurs dont il s'était emparé la veille, battait alors (1er juillet, troisième jour du débarquement) le fort de Mazalquivir, qui capitula après quelque résistance ; les autres n'en firent aucune.

Ainsi fut terminée une expédition qui semblait présenter d'assez grandes difficultés : elles furent aplanies par la sagesse et l'activité du chef, la confiance et l'obéissance des troupes. Nous verrons, dans l'expédition suivante, des dispositions différentes amener des résultats contraires.

Le comte de Montemar eut pour trophées 138 pièces de canon, une grande galiote et 5 brigantins. Il trouva dans la ville ou dans les forts beaucoup de munitions de guerre et des provisions pour plusieurs mois.

Après ce succès, d'une part, et cet abandon, de l'autre, on est moins étonné de voir que, dès le 2 juillet, les Maures de la campagne étaient en échange et en commerce réguliers de vivres et de bestiaux avec les Espagnols.

On pouvait s'attendre aussi, après un succès si prompt, que la nouvelle conquête serait attaquée assez vivement; elle le fut à plusieurs reprises, mais toujours infructueusement, et elle resta aux Espagnols jusqu'en

1790, qu'un effroyable tremblement de terre détruisit presque entièrement la ville et écrasa une partie de la garnison sous les ruines des casernes, ce qui décida l'évacuation.

L'expédition du comte de Montemar dura en tout dix-sept jours.

Une circonstance singulière et qui ne fut pas indifférente, c'est qu'il avait en tête un homme qui avait été ministre à Madrid; c'était l'aventurier hollandais Ripperda, passé au service du roi de Maroc. On lui attribue les deux ou trois mouvemens des Maures qui retardèrent le succès pendant quelques momens. Il montra, dit-on, beaucoup de bravoure et de talens militaires; c'était en faire un malheureux usage. Malgré ce secours, la résistance fut au fond assez peu de chose; la promptitude et la justesse des mesures firent le principal mérite de l'expédition, et ce mérite est sans doute le premier en pareilles circonstances.

§ VII.

Expédition d'O'Reilly sur Alger, sous le règne de Charles III, roi d'Espagne, en 1775.

Nous arrivons à une expédition très malheureuse, quoique bien préparée. Comme c'est la dernière tentative de débarquement sur la côte africaine, son souvenir a jeté sur ces sortes d'opérations une défaveur exagérée, et injuste comme toutes les exagérations.

Pour mettre l'opinion dans les voies d'un jugement plus sain, il faut montrer avec soin et avec une vérité palpable, qui ne permette plus de doute, que le malheur tient ici à un enchaînement de causes et de fautes particulières, et, pour ainsi parler, exceptionnelles, qui toutes peuvent être facilement évitées.

La plupart des récits de cette expédition, qui ont été dans ces derniers temps répandus dans le public, ont eu pour type *des relations espagnoles officielles* ou *particulières*; les premières sont et devaient être d'une grande circonspection. Le succès n'avait pas été heureux; mais sans taire ce malheur, il était permis de ne pas le grossir. Le gouvernement de Charles III était à la fois probe et prudent; d'ailleurs, ce prince avait une affection particulière pour O' Reilly, et ce n'est pas dans le malheur qu'il l'aurait abandonné; ceux qui ont étudié ce monarque si recommandable, savent que le trait principal de son caractère était une constance dans ses affections comme dans ses volontés, qui allait quelquefois jusqu'à l'opiniâtreté.

O' Reilly méritait-il, surtout comme militaire, la faveur que son roi ne lui retira jamais? c'est ce dont il est permis de douter, sous le rapport des talens, du moins, en lisant le récit de cette courte et désastreuse expédition.

C'est dans les relations particulières que, sous diverses formes, se font sentir les exagérations dont nous nous sommes plaints.

L'opinion de l'Europe militaire est formée touchant les manœuvres des Espagnols : nous avons été à portée de la recueillir de plusieurs documens dignes de foi. Quant à ce qui s'est passé du côté de la place et aux divers aspects sous lesquels on y a vu les opérations des Espagnols, et en même temps les préparatifs et la défense des Algériens, nous avons vu les correspondances de quelques maisons françaises très bien famées, qui étaient alors et depuis long-temps établies à Alger. Deux sentimens y dominent : la sympathie fondamentale que les narrateurs devaient à l'armée d'un roi de la maison de Bourbon, et une estime qui paraît fondée pour la personne du dey qui régnait alors. Le concours de ces deux élémens doit produire l'impartialité.

Les faits ne sont pas nombreux, les dates n'embrassent pas un long espace, et l'action proprement dite ne dure qu'un jour. Voici comment cette journée fut préparée :

Une escadre, composée de 6 vaisseaux de ligne, 14 frégates et 24 galiotes à bombes ou autres bâtimens de guerre, fut réunie dans le port de Carthagène, en juin 1775. Un corps de 21,500 hommes d'infanterie, de 1100 de cavalerie des meilleures troupes d'Espagne, un équipage de plus de 100 bouches à feu de siége ou de campagne, 400 mulets pour le service de l'artillerie, une grande quantité de munitions de guerre et de bouche, ainsi qu'un approvisionnement de matériaux propres à élever des forts, y furent embarqués sur 344 bâtimens de transport.

Cet immense convoi sortit de Carthagène le 23 juin, avant le jour ; mais vers onze heures il reçut ordre de mouiller dans la baie d'Almazarron, où il resta immobile pendant six jours.

Au sujet de ce premier contre-temps, quelques uns des récits de cette expédition rappellent une mésintelligence assez vive qui aurait déjà eu lieu, lors de l'embarquement, entre l'amiral Castejon et O'Reilly.

Enfin le signal de départ fut donné le 28, et le 29 au soir on découvrit la côte d'Afrique.

Le 1er juillet la flotte était devant Alger. Elle mouilla dans la rade vis-à-vis l'embouchure de l'Aratch. Elle entendit un feu de mousqueterie très vif se prolonger le long de la côte depuis la ville jusqu'au cap Matifouz. Depuis que les Maures avaient formé des camps sur le rivage, c'était leur habitude de tous les soirs.

Ici un témoin raconte que la première division de la flotte espagnole, composée d'environ 130 voiles, était entrée dans la baie d'Alger le 30 juin, ayant à sa tête une frégate pavoisée de toutes sortes de pavillons et de flammes de différentes couleurs. Cette frégate, qui paraissait destinée à servir de guide à l'armée, passa si près des châteaux de la marine, que l'on crut dans la place que sa manœuvre avait pour objet de marquer aux vaisseaux de guerre la véritable distance à laquelle ils devaient se tenir pour les canonner à la voile. Peut-être, dit le narrateur, l'aspect menaçant que présentaient les forts armés d'une infinité de pièces de 18 et de 24, étonna-t-il un peu les Espagnols qui paraissaient avoir eu, sur tout ce qui se passait chez leur ennemi, des renseignemens très insuffisans.

Ils prirent insensiblement le large, à l'exception de la frégate et de deux chebecs, contre lesquels on tira deux coups de canon qui ne les atteignirent pas. Cette division jeta l'ancre sur les trois heures après midi; mais il s'en détacha successivement plusieurs bâtimens pour former une espèce d'escadrille d'observation, dont les différentes évolutions firent juger dans la place qu'elle avait pour objet d'en examiner les fortifications et en même temps de reconnaître jusqu'où pouvaient atteindre en mer les bombes et les boulets du dedans; en conséquence, le dey fit défense de tirer, et les Espagnols, qui firent avancer plusieurs fois sans succès de petits chebecs jusqu'à trois quarts de portée du canon, rentrèrent dans la flotte assez étonnés peut-être d'avoir eu affaire à un ennemi aussi avisé.

La seconde division, beaucoup plus considérable que la première, fut en vue le 1er juillet; elle était le 2 réunie à la première, le vaisseau commandant au centre de la ligne en dehors du côté d'Alger, les bâtimens de transport environnés de toutes parts des navires de guerre.

Nous observâmes, dit un autre, que les rangs étaient extrêmement serrés, et nous prévîmes que s'il s'élevait un vent d'est un peu frais, il causerait du désordre et de la confusion; c'est ce qui arriva deux jours après, et c'est sans doute, ajoute-t-il, à ce contre-temps et au dommage qu'il dut occasioner qu'il faut attribuer l'inaction dans laquelle les Espagnols restèrent *pendant cinq jours*.

Les Algériens en profitèrent pour se fortifier de plus en plus, et on remarqua que parmi les renforts de Maures, plus considérables qu'ils ne s'étaient jamais présentés en aucune occasion, il s'en trouvait appartenant à des peuplades qui sont habituellement en guerre avec la Régence, et qu'elle n'a jamais pu soumettre. On y distingua surtout deux tribus particulières appelées *Boazy* et *Felissa*. Ces deux castes passent pour les plus belliqueuses. Les Turcs l'ont souvent éprouvé; aussi furent-elles reçues avec une joie extraordinaire.

Il paraît que c'est à ces deux tribus, qui n'avaient jamais pris parti pour les Turcs, et qui, peut-être, ne se réuniront plus jamais à eux, et aux troupes de Constantine qui non plus ne sont pas toujours de bon accord avec les Algériens, qu'on dut le succès de la journée du 8 juillet 1775 [1].

Voici comment les documens les plus dignes de foi évaluent, signalent et placent les troupes qui contribuèrent à la défensive d'Alger, en 1775 :

Au camp de l'*Ecrivain des chevaux*, à la porte Bad-al-Oued, presque tous Turcs.................... 4,000

Dans le camp du casnagy, de l'aga, et du calife du bey du Ponant, attenant les uns aux autres du côté de Bab-Azoun.................... 30,000
_____
34,000

---

[1] « Ils payèrent ce succès bien cher, dit un Français; les dernières informations que je me suis procurées font monter à environ 5,000 le nombre de leurs morts, et cette perte ne doit point paraître exagérée, *si on considère quels ravages devait faire la mitraille dans une troupe indisciplinée, qui s'exposait au feu, sans règle, sans ordre, sans précaution.* » On n'omettra pas d'observer que cette même artillerie, qui fit alors une si forte exécution, a reçu bien des perfectionnemens depuis cette époque, et produit aujourd'hui de bien autres effets.

Report............	34,000
Dans celui du bey de Constantine, près de la rivière Aratch......................	30,000
Dans celui du bey de Titteri au cap de Matifouz.............................	5,000
A La Marine.....................	6,000
Dans la ville même................	5,000
Kabaïles ou montagnards, qui n'étaient attachés à aucun camp, mais répandus dans la campagne.........................	20,000
TOTAL.........	100,000

Celui qui fait cette évaluation, ajoute que le dey aurait pu avoir plus de monde, *si, moins défiant et moins sage*, il avait appelé tous les Arabes de la campagne.

Dans ces 100,000 hommes, il compte à peine un tiers de cavalerie, la plupart très mauvaise.

Ces différens camps étaient répartis le long de la rade, sans autre retranchement qu'un misérable fossé fait à la hâte et trop loin de leur ligne pour les garantir, sans canons, sans mortiers, protégés seulement par de petites *toppanas* (batteries) construites de distance en distance le long de la rade, au nombre de huit.

Le camp du calife du bey du Ponant n'avait pas même cette défense.

Chaque soir, comme nous l'avons remarqué pour le 1er juillet, ces camps faisaient une décharge générale et se dispersaient; seulement un certain nombre d'hommes patrouillait la nuit pour avertir les chefs s'ils voyaient quelque mouvement dans la flotte.

Le calcul que nous venons de voir des forces de la défense est le plus haut possible, d'après celui même qui le fait; il le tient du dey qui, vis-à-vis d'un sujet de la maison de Bourbon, avait plutôt intérêt à exagérer qu'à diminuer ses forces.

Voyons ce que nous diront, sur le même sujet, les relations espagnoles, et ce que l'armée, le débarquement aura vu ou cru voir d'un point d'où certainement elle ne pouvait pas tout apercevoir.

Ces relations font venir de Constantine 40,000 hommes, tous à cheval, ci........................ 40,000

Autant de Bone, mais moitié à pied, moitié à cheval.. 40,000

De Mascara.. 20,000

Elles font mention d'un corps de cavalerie turque, qui s'appuyait à la droite de la ville, s'élevant à.. 30,000

Elles font monter ensuite les troupes de la garnison ou les éclaireurs à au moins......... 50,000

ce qui fait bien 180,000, c'est-à-dire à peu près le double de ce que le commerce tient du gouvernement même, intéressé à enfler le nombre de ses défenseurs.

Quoi qu'il en soit de ce que pouvaient au juste contenir ces camps, ce fut le 2 que les Espagnols les découvrirent pleinement sur la rive droite de l'Aratch, à proximité de la mer, et faisant courir des partis de cavalerie sur le rivage.

L'ordre était donné pour débarquer le 3, mais le temps et la confusion de l'escadre ne le permirent pas; le 4 et le 5 on resta dans la même position; le 6 le débarquement ne put encore s'exécuter; mais plusieurs bâtimens de guerre et deux frégates toscanes, commandées par *Acton*, s'avancèrent vers la côte, et commencèrent à tirer sur les batteries placées entre la rivière et le fort Bab-Azoun.

Le feu des Espagnols fut si peu nourri et si mal dirigé, que celui des Algériens ayant pris facilement le dessus, les attaquans furent forcés de se retirer sans avoir pu ni endommager les retranchemens de l'ennemi, ni démonter son artillerie.

Le 7, le temps devint plus favorable, et on commença à faire descendre dans les canots quelques détachemens d'infanterie ; mais la rareté des chaloupes, ou quelque autre fausse mesure, força de retourner à bord des vaisseaux.

A cette occasion, une altercation très vive s'éleva entre Castejon et O'Reilly; ce dernier reprochait à l'autre de paralyser les opérations de l'armée de terre par la lenteur et l'incertitude de ses dispositions, et surtout de n'avoir rien fait pour forcer les ennemis à évacuer les batteries les plus rapprochées du point de débarquement.

L'opinion a été tellement exaspérée relativement à la vivacité des différens élevés entre la marine espagnole et les troupes de terre, qu'il importe d'écarter sur ce point beaucoup de documens, même espagnols. Pour être juste, il ne faut admettre le plus souvent comme causes des plus grands désastres que des fautes et des incidens indépendans des intentions. C'est pourquoi nous laisserons le lecteur tirer son opinion des faits mêmes et des détails que nous puiserons dans des sources qui ont paru les plus exactes et les plus impartiales à la fois.

Le 8, à trois heures et demie du matin, les vaisseaux et les deux frégates toscanes, à la même distance et dans le même ordre que la veille, commencèrent à tirer. Cette canonnade fut des plus vives et des plus bruyantes; mais son unique effet, et il y a apparence qu'on ne s'en promettait point d'autre, fut d'occasioner une grande fumée vers l'endroit où le débarquement devait se faire. Les Espagnols ne firent d'ailleurs usage d'aucun stratagème, d'aucune feinte pour tromper l'ennemi, et on vit leurs troupes s'avancer et venir à terre avec tant d'assurance, qu'on eût dit qu'elles allaient prendre possession d'une ville déjà abandonnée.

Les petits bâtimens sur lesquels elles étaient réparties étaient rangés en colonnes, et formaient une chaîne depuis la flotte jusqu'au rivage : ils étaient précédés d'une demi-galère et convoyés par deux autres.

Ce débarquement s'effectua sur les 4 heures, à une petite lieue de l'Aratch, du côté de la ville, protégé par le feu de trois ou quatre vaisseaux, mais surtout par celui des frégates du grand duc de Toscane, et par les demi-galères disposées de façon qu'elles couvraient la tête et la queue de l'armée espagnole, a mesure que celle-ci se développait et se rangeait en bataille, l'aile droite au bord de la mer, l'aile gauche parallèle à des hauteurs couvertes de buissons.

On peut assurer, disent unanimement toutes ces pièces, que jamais descente ne fut aussi tranquille, aussi prompte, aussi heureuse. Les Algériens ne pensèrent pas même à s'y opposer, soit qu'ils fussent persuadés qu'ils le tenteraient en vain par le défaut d'artillerie de campagne, soit qu'ils fussent bien aises de se mesurer de près avec leur ennemi.

Leur inaction fut telle en ce moment, qu'elle ressemblait à l'indifférence de spectateurs parfaitement neutres, qui regardent une manœuvre militaire sans autre intérêt que la curiosité.

Ils quittèrent enfin leurs camps et allèrent à la rencontre des Espagnols.

Ceux-ci firent aussi quelques pas en avant; mais leur aile gauche, au lieu de rester unie au corps de l'armée, se porta vers les hauteurs et se trouva ainsi engagée au milieu des buissons, dans des sentiers tortueux très étroits et très difficiles, forcée conséquemment à se diviser, et exposée aux attaques non moins vives qu'irrégulières des Maures, retranchés derrière les haies.

Si cette troupe imprudente avait été enveloppée, comme elle aurait pû l'être, elle aurait été entièrement détruite.

Les généraux espagnols, dans leurs relations (disent

plusieurs documens critiques), reprochent à cette troupe trop de vivacité, d'avoir mal tenu les rangs, d'avoir désobéi, et de s'être laissé emporter par une ardeur inconsidérée. Elle était cependant composée de l'élite de l'infanterie espagnole : c'étaient les gardes wallonnes, les Irlandais, les grenadiers suisses, tous régimens très bien disciplinés et accoutumés à la plus sévère subordination. Si donc il est vrai que, dans cette circonstance, ils aient contrevenu aux ordres de leurs chefs, il faut croire que leur position tout-à-fait désavantageuse, et par conséquent la faute de leurs chefs, leur en fit une espèce de nécessité. Harcelés par la mousqueterie des Maures, qui étaient cachés dans les broussailles, ils n'avaient de protection et de défense que leurs fusils, qui ne pouvaient atteindre l'ennemi. L'artillerie qui devait les protéger n'était pas encore à terre. Cette aile dut beaucoup souffrir dans sa retraite; elle fut vivement poursuivie jusqu'à ses retranchemens. L'action devint générale; c'était le moment où se faisait le second débarquement, et celui de la seule artillerie qui fut mise à terre.

L'action ainsi engagée entre toutes les armes, se prolongea encore pendant deux heures sans se ralentir; du côté des Espagnols c'étaient une canonnade sans interruption, à boulet et à mitraille, et des feux de peloton, à quoi les Maures opposèrent un rempart d'un si grand nombre de chameaux, qu'on en compta, après l'affaire, plus de 500 morts ou blessés restés sur le champ de bataille. A l'abri de ce rempart et à mesure que le canon le démolissait, les Maures continuaient à tirer confusément.

Les Algériens, instruits enfin par une meurtrière expérience, que la valeur qui n'a pour armes que le fusil et le sabre ou l'yataghan, ne peut résister long-temps à un ennemi qui joint aux mêmes avantages celui d'une artillerie nombreuse et bien servie, pensèrent à réparer la faute grossière qu'une aveugle présomption leur avait fait commettre. Ils demandèrent des canons. « Nous vîmes passer dans l'après-midi, (disent nos agens consulaires), quelques pièces de 24, que des juifs et des piskiris portaient sur leurs épaules. On peut juger combien la marche devait être lente pour arriver à une distance d'environ deux lieues. Le projet était de dresser une batterie vis-à-vis du camp espagnol, et de le battre vigoureusement, pendant que tous les camps maures réunis l'attaqueraient d'un autre côté, et feraient tous leurs efforts pour le rompre.

Telle est la sensation que le spectacle vu des remparts, et les nouvelles reçues de moment en moment de l'engagement du 8 juillet entre les Algériens et les Espagnols, produisirent sur les Européens qui étaient dans la place d'Alger.

Un officier général français, en discutant les pièces officielles espagnoles et tous les documens dignes de foi qui ont été publiés, exprime une opinion militairement plus raisonnée, mais qui au fond ne diffère point de la sensation que rendent les témoins oculaires.

Le commandant de la division d'avant-garde, au lieu de former, dit ce juge compétent, ses troupes en front ou en colonne vers le rivage, et de marcher à l'ennemi dans un ordre quelconque serré et compact, fit avancer inconsidérément, et à mesure qu'ils prenaient terre, des détachemens de grenadiers contre quelques pelotons de Maures qui tiraillaient derrière les broussailles. La précipitation de sa marche fut telle qu'il ne donna pas à l'artillerie le temps de le suivre ; en sorte que ce puissant secours lui devint inutile.

Les Maures perdaient d'abord du terrain, mais s'étant, à mesure que ce terrain devenait plus montueux et plus couvert, embusqués derrière les bouquets d'arbres, les haies de raquettes et les maisons de campagne qui sont à mi-côte, ils tinrent ferme et firent sans risque un feu meurtrier contre les Espagnols qui étaient entièrement à découvert.

Les chaloupes, qui venaient de mettre à terre la première division, ramenaient à bord de l'escadre beaucoup de blessés, et les troupes du second débarquement en furent découragées.

O'Reilly descendait sur la côte au moment où les Africains de la rive droite de l'Aratch, animés par le succès de leur camp du centre, passaient en foule la rivière et débordaient la brigade d'Aragon et de Catalogne qui marchait à gauche de celle des grenadiers. Il lança de suite quelques escadrons, et quatre bataillons de la deuxième division qu'il forma à la hâte, au secours de sa gauche. Ce fut alors que les Maures se firent un rempart de chameaux, et que la cavalerie espagnole effrayée se jeta sur l'infanterie et la mit en désordre. (On connaît l'aversion du cheval pour l'odeur du chameau.)

O'Reilly avait également essayé de dégager les grenadiers qui se battaient avec peu d'avantage, au centre, en détachant vers la droite tout ce qui lui restait d'infanterie de la seconde colonne; mais un gros corps de cavalerie arabe s'étant montré sur le haut de la colline, le général espagnol fut forcé de replier ses ailes pour boucher la trouée que le corps qui s'était si imprudemment avancé avait laissée dans sa ligne, et son plan d'attaque se trouva renversé.

Ainsi les Espagnols ne purent gagner la hauteur où ils voulaient établir leur camp. La retraite devenait donc nécessaire; et, dans cette situation, les troupes débarquées les dernières ne purent remplir d'autre objet que de soutenir la marche rétrograde de celles de la première colonne. Mais cette retraite ne se fit pas sans désordre; car les Africains, que la victoire avait enhardis, poursuivirent avec tant d'acharnement les grenadiers et les volontaires d'Aragon et de Catalogne, qui étaient en première ligne, que ces troupes finirent par prendre la fuite, et ne purent être ralliées que derrière les retranchemens auxquels O'Reilly faisait travailler, sur les bords de la mer. Quoique ses malheureux soldats fussent harassés de fatigue, qu'ils eussent, après avoir passé la nuit sans dormir, combattu pendant tout le jour, par une chaleur excessive, sur un terrain sablonneux, hérissé de broussailles épaisses et de haies incommodes, sans avoir pu se désaltérer, ni prendre aucune nourriture ; aussitôt qu'ils reprirent haleine, ils se mirent à travailler avec la plus grande ardeur. Le retranchement se trouva achevé avant la nuit ; mais la nécessité de terminer promptement ces travaux (par où il aurait fallu commencer) ne permit pas de leur donner le développement convenable ; et lorsque les troupes qui couvraient les travailleurs s'y furent repliées, elles s'y trouvèrent entassées pêle-mêle avec le matériel et les chevaux.

Le camp des Espagnols, placé sur la gauche de l'Aratch, et à 800 toises environ de son embouchure, était adossé à la mer ; les Algériens avaient sur l'autre bord de cette rivière [1] une batterie de 12 canons de gros calibre que le feu de l'escadre n'avait pas démontée. Une seconde batterie de 10 pièces se trouvait à l'ouest et à un millier de toises environ de la droite du camp ; elle n'avait pas plus été endommagée que la première par l'artillerie des vaisseaux. Cinquante grenadiers des gardes wallonnes s'en étaient bien rendus maîtres au commencement du débarquement ; mais n'ayant pas été soutenus, ils y furent massacrés par les Maures.

Les lignes des Espagnols se trouvèrent par conséquent enfilées par une pièce de flanc de la batterie à

---

[1] On voit, par la saison où ceci se passait, que cette rivière n'est jamais à sec, qu'elle est toujours assez profonde pour faire obstacle, et, par conséquent, qu'elle suffit à désaltérer une armée.

l'est de la rivière, et par une autre de celle à l'ouest, qui croisaient leur feu sur toute la longueur du camp et y faisaient beaucoup de ravage. On essaya de s'en garantir autant que possible, en ordonnant à chaque régiment d'élever, perpendiculairement à ses ailes, des traverses; mais ce remède, insuffisant par lui-même, ne servit qu'à diminuer la capacité du camp et à rendre encore plus meurtrier le feu de l'ennemi, qui portait sur des masses extrêmement serrées. Chaque coup de canon enlevait 7 à 8 hommes; ensorte que l'armée espagnole perdit en peu d'heures 600 morts et plus de 1,800 blessés [1].

Pendant cette crise cruelle, l'escadre ne prit aucune disposition bien efficace pour protéger les ailes du camp et pour éteindre le feu des deux batteries qui y semaient le désordre et la mort. Dans cet état de choses, le général O'Reilly fit connaître aux troupes que l'entreprise avait échoué et qu'il ne restait plus d'autre parti à prendre que celui de la retraite. Il donna, en conséquence, ordre aux grenadiers et aux chasseurs réunis d'éloigner l'ennemi et de protéger l'embarquement. Ces troupes attaquèrent les Africains avec beaucoup de résolution, les repoussèrent rudement, se retranchèrent avec des chevaux de frise et des fascines sur les hauteurs les plus rapprochées du camp, et y soutinrent avec constance les efforts successifs des Maures pendant toute la nuit. Le rembarquement des troupes et du matériel qui étaient restés

---

[1] Les relations des Espagnols portent la perte de leur côté à plus de 4,000 tués ou blessés dans la journée du 8; nous croyons qu'ils ont exagéré en ceci comme en tout le reste; car il résulte de tous les documens comparés qu'ils n'ont jamais eu tout leur monde à terre, et comment est-il croyable qu'ils en eussent perdu autant en quelques heures contre un ennemi qui, pendant une partie du temps, n'avait point eu de canon à portée des troupes du débarquement?

dans l'enceinte du camp ayant été terminé le 9 à la pointe du jour [1], les grenadiers et les chasseurs se replièrent et se rembarquèrent sous la protection du feu des bâtimens légers de l'escadre.

Enfin, le 12 juillet, les navires de transport sur lesquels on avait placé les troupes et le matériel de l'armée de terre, firent voile pour l'Espagne, sous l'escorte des bâtimens à rames et de quelques frégates, et le restant de l'escadre demeura dans la baie d'Alger. Les généraux de terre et de mer se séparèrent très mécontens les uns des autres et s'attribuant mutuellement le mauvais succès.

Tels sont les faits principaux et les résultats également avérés de l'expédition de 1775. Revenons sur quelques détails et sur quelques unes des causes principales d'un événement que sa date rend intéressant à étudier, et qui accrut au plus haut point l'insolence barbaresque.

Dans tout ce désastre, rien ne peut être mis sur le compte du temps et de la saison ; les élemens ne sont ici pour rien. Toutes les fautes appartiennent aux hommes.

L'ignorance des localités ou le peu de concert des volontés sont suffisamment prouvés par l'hésitation qui précéda le débarquement, et qui se termina par le choix du plus mauvais point de descente, ou du moins de celui qui offrait le plus de difficultés résultantes de la profondeur et de la mobilité du sable, où l'artillerie avançait péniblement. Aussi n'en débarqua-t-on, au dire des narrations espagnoles, qu'environ 20 pièces,

---

[1] Les Espagnols, dans leurs relations particulières, exagèrent certainement beaucoup, comme nous l'avons remarqué, la perte qu'ils firent en hommes, mais toutes les autres relations, de quelque part qu'elles viennent, s'accordent à dire qu'ils ont laissé beaucoup d'artillerie et de matériel entre les mains de l'ennemi.

qui, presque toutes, restèrent, lors du rembarquement, au pouvoir des Maures. On promena en triomphe dans Alger 15 canons et 2 mortiers; un matériel de moindre importance fut également abandonné en grande quantité sur le rivage, par la précipitation des Espagnols à se rembarquer.

L'opération même du débarquement n'avait pas attesté de moins mauvaises mesures, qu'on peut attribuer avec la même probabilité à l'un ou à l'autre des commandans rivaux.

Si la totalité des troupes ne fut point à terre, et s'il n'y eut jamais que des détachemens marchant pour leur compte et sans ensemble, une des causes de ce désordre fondamental fut dans le mode même de ce débarquement, lequel tenait au vice de l'embarquement qui nous est ainsi signalé.

Le 9, O' Reilly proclamait hautement Mazzaredo comme le sauveur de l'armée, pour avoir conduit avec zèle et succès l'opération du rembarquement.

Dans une brochure apologétique publiée par Mazzaredo et adressée au roi Charles III, on voit que les détachemens ou fractions de corps durent, lors de ce rembarquement, gagner les vaisseaux ou bâtimens de transport qui se trouvaient le plus à portée, sans égard à aucune formation de corps ou même de bataillons.

Cette particularité est digne d'observation et peut expliquer une partie des causes de ce désastre.

La confusion, le désordre qui résultait nécessairement de ce mode de rentrée des troupes dans les navires n'eut pas d'inconvénient sensible pour un rembarquement définitif; mais de toute la contexture de l'imprimé de Mazzaredo, il résulte que l'embarquement primitif à Carthagène avait souffert de la même absence de mesures propres à tenir les corps réunis; de là leur morcellement, le défaut d'ensemble et la marche séparée de détachemens qui n'avaient pu former de suite avec facilité ni front de bataille ni colonne de quelque importance, soit pour marcher en avant, soit pour tenir ferme.

Il paraît que si l'armée espagnole n'avait point attaqué avant son entier débarquement, si elle avait commencé par asseoir et fortifier son camp, au lieu de se lancer follement à la poursuite des Maures, et surtout s'il avait régné plus de concert entre l'escadre et l'armée ; *les toppanas*, les batteries d'Alger, etc., alors en si mauvais état, et ses remparts commandés de plus d'un côté, n'auraient pu résister à la magnifique artillerie rassemblée à si grands frais par le gouvernement espagnol, et au choix des troupes expéditionnaires ; mais elles furent promptement démoralisées par les mauvais succès partiels qui eurent lieu dès le moment même du débarquement.

On ne s'occupa point de trouver immédiatement une position, d'y remuer de la terre et de s'y établir ; à mesure que les détachemens touchaient terre, ils se laissaient entraîner à la poursuite de ce rideau que les Maures leur opposaient en tête, tandis qu'en queue et en flanc, ils étaient harcelés par leur cavalerie.

Lorsque l'imprudence des chefs a placé des troupes dans ces fausses, incommodes et dangereuses situations, à moins d'une composition et d'une valeur individuelle des combattans, telles qu'on ne les a vues que dans le commencement de nos guerres de la révolution, les meilleurs soldats se troublent, murmurent, s'exagèrent le nombre de leurs ennemis, le désastre réel de leur position, et ne sont bientôt plus propres ni à l'attaque ni à la défense ; heureux encore quand ils conservent assez de confiance en quelques chefs et en eux-mêmes pour que leur retraite ne soit pas une déroute.

Nous avons vu que les Algériens avaient beaucoup de troupes ; ils avaient aussi des chefs capables.

Plusieurs beys se montrèrent avec habileté et bravoure ; la conduite du dey est représentée comme vigoureuse et sage à la fois, modérée même autant que le permettaient sur un semblable théâtre les circonstances et les mœurs [1].

Il paraît qu'O'Reilly était une tête vive et assez mal ordonnée ; compatriote de notre comte de Lally, il avait un caractère, sous plusieurs rapports, analogue à celui de cet infortuné général, violent, irascible, moqueur, incompatible avec ses subordonnés ; malgré les intentions les plus droites, des connaissances et des talens réels, ils n'inspiraient, ni l'un ni l'autre, aucune confiance, parce qu'ils n'inspiraient aucune affection.

La qualité d'irlandais n'était vraisemblablement pas indifférente à ce peu d'influence et de sympathie qu'O'Reilly exerçait sur les Espagnols : peu d'étrangers, parmi lesquels on distingue Vendôme, leur ont inspiré une véritable confiance.

On a, dans le temps, répandu la copie d'un long ordre du jour de l'armée d'O'Reilly, du 3 juillet, et quelques autres instructions de détail qui ne sont remarquables que par le soin minutieux avec lequel on y insiste sur une foule de particularités bizarres ou insignifiantes, tandis qu'on passe sous silence presque tout ce qui est véritablement important.

On y voit aussi, comme s'il suffisait de prescrire

---

[1] Dans une assemblée de son divan, il avait proposé l'avis de faire des prisonniers et de les laisser comme esclaves à ceux qui les feraient. Le bey de Constantine fit cette objection, digne de remarque, que lorsque quelque Maure aurait un prisonnier, il l'emmènerait chez lui et ne combattrait plus, et que cependant dix de ses camarades courraient après lui pour lui enlever ce même prisonnier, ce qui dégarnirait l'armée ; on voit par ce seul trait quelles sont ces armées. L'avis du bey de Constantine passa, et on publia qu'on donnerait une somme par tête de chrétien.

quelque chose pour le rendre possible, de grandes recommandations de former promptement les bataillons, les régimens, les brigades au débarquement; nous avons vu comment le mode de l'embarquement avait rendu ces sages recommandations, très difficiles ou plutôt impossibles à réaliser.

O'Reilly n'a pas non plus entièrement manqué d'apologistes, qui ont fortement insisté sur les contrariétés qu'il éprouva de ses subordonnés comme de ses coopérateurs. Si l'on s'en rapporte au témoignage attribué au général O'Farrill [1], parfaitement en mesure d'énoncer une opinion sur cet événement, et qui tiendrait ces détails de D. Francisco Pacheco, présent à l'expédition, le comte O'Reilly ne mériterait aucun des reproches qui lui ont été adressés, et la déroute de l'armée espagnole s'expliquerait par de tout autres causes. L'instruction, parfaitement détaillée [2], communiquée par le général en chef, la veille du débarquement, portait que la 1re division débarquerait d'abord, et attendrait la 2e dans une position qu'elle devait prendre le plus près possible de la mer; puis, l'une et l'autre devaient agir d'après le

---

[1] M. O'Farrill est incontestablement un officier d'un mérite distingué. Toutefois on pourrait remarquer, comme motif de son indulgence pour O'Reilly, qu'ils étaient Irlandais tous deux. Cette circonstance ne détruit pas le poids du témoignage du général O'Farrill : il oblige seulement d'y regarder, et on ne peut s'empêcher de convenir, en tout état de cause, qu'O'Reilly a été mal secondé, ce qui ne prouverait pas non plus qu'il n'eût pas pris lui-même des mesures répréhensibles. L'opinion du lecteur résultera des faits qui, venant de sources si différentes, quand sur tous les points ils s'accordent, sont ou doivent paraître incontestables.

[2] Nous avons parlé de cette instruction, et il est vrai qu'elle contenait cette recommandation; mais M. O'Farrill ne dit pas ce qui rendit impossible ou au moins très difficile de l'exécuter.

même principe jusqu'au débarquement de la réserve, et l'armée, une fois réunie, marcher en colonne serrée pour occuper une position avantageuse [1]. L'infanterie devait alors se déployer sur six hommes de profondeur, dans le double but d'occuper plus d'espace et d'opposer une masse solide à la cavalerie ennemie. On devait ensuite construire sur-le-champ, et avant d'agir, des redoutes sur le front et sur les flancs, afin d'y placer l'artillerie de campagne. L'effet de ces sages dispositions fut rendu inutile par la précipitation de la 1re division à s'engager avec l'ennemi, avant que la 2e eût mis pied à terre. L'officier commandant la 1re, voyant les Maures rassemblés pour lui résister et cependant peu nombreux, au lieu de rester en repos suivant les ordres qu'il avait reçus, s'écria : *A ellos, hijos!* (à eux, enfans!) et commença l'attaque. L'ennemi se retirant, il continua à le poursuivre jusqu'au moment où sa troupe, harassée de fatigue, fut jetée dans le plus grand désordre par une multitude d'Algériens qui s'étaient tenus en embuscade derrière les chameaux, les rochers et les buissons. La 2e division [2] se hâta de courir au secours de la 1re, mais il était trop tard, et la confusion étant devenue générale, le commandant en chef fut obligé de faire battre la retraite. Le général O'Farrill ne craint pas d'affirmer que sans l'imprudence de l'officier qui avait le commandement de la 1re division (la Romana), Alger aurait été réduite en cendres au bout de trois jours.

L'expédition d'O'Reilly et celle de Charles-Quint présentent un contraste parfait ; dans celle de Charles,

---

[1] Toutes les dispositions ici indiquées, et qui n'eurent pas lieu, sont certainement très sages. C'est une raison pour nous de les citer, et un témoignage en faveur de nos propres remarques.

[2] M. O'Farrill ne dit pas que cette seconde division marcha par *petits paquets* comme la première; c'est cependant ce qui

tout ce qui dépendait des hommes, chefs et soldats, fut conçu et exécuté avec sagesse et vigueur jusqu'au moment où les élémens furent victorieux des plus fermes courages. Ce furent les causes dues au mauvais choix de la saison qui firent échouer tant d'habileté, et de bravoure et de si grands préparatifs.

Dans l'expédition d'O'Reilly, au contraire, tout fut favorable du côté des élémens, tout manqua par d'autres causes plus dépendantes des hommes; on est tenté de croire qu'il suffirait, pour réussir, de faire dans une position semblable le contraire de ce qui fut fait dans cette circonstance. C'est sous ce triste et singulier aspect, que cette expédition est utile à méditer.

§ VIII.

Bombardemens d'Alger par les Espagnols, aux années 1783 et 1784.

Après le prompt et inattendu rembarquement d'O'Reilly, Alger craignit encore pendant plusieurs jours un bombardement; mais bientôt la flotte tout entière remit en mer, et ce ne fut qu'en 1783 que la cour d'Espagne résolut de nouveau d'intimider la régence, et de lui arracher ou plutôt d'en acheter un traité devenu nécessaire à la sécurité de la navigation et même des côtes d'Andalousie et de Catalogne; elle se détermina, en consequence, à effectuer la menace souvent réitérée d'une attaque par mer.

Les différentes narrations que nous avons consultées varient beaucoup sur l'effet et la valeur des bombardemens des deux années 1783 et 1784.

Pour le premier, il paraîtrait que les Espagnols avaient réuni 60 chaloupes canonnières et bombardières,

---

résulte des documens les plus dignes de foi, et ce qui n'est pas en faveur d'O'Reilly, qui donna les ordres lui-même sur le terrain.

et que les Algériens n'avaient à leur opposer que des batteries et des défenses fort inférieures à ce qu'elles sont aujourd'hui, deux mauvaises bombardes et quelques chaloupes armées de pierriers.

Selon une de ces versions, les Espagnols se tinrent pendant plusieurs jours devant la place, tirant de loin et attendant leurs munitions ; quand ils les eurent reçues, ils s'approchèrent plus près peut-être qu'ils ne le voulaient, dit une autre, à cause d'une brume épaisse, fréquente en été sur ces parages, et de la fumée des batteries d'Alger. Par l'effet de cette circonstance, leur bombes tombèrent sur toutes les parties de la ville : *la place était aux abois, les forces des combattans étaient épuisées, les canons des Algériens étaient démontés ; ils n'avaient plus de poudre,* etc.

On oberve à ce sujet, qu'un *combat* de huit heures est le plus long que les Algériens puissent soutenir ; qu'ils combattent avec beaucoup de chaleur, mais que tout leur monde est à la fois *à la Marine* ; que les combattans fatigués ne peuvent être remplacés ; qu'ils mettent toujours dans leurs canons la même quantité de poudre ; qu'ils y passent rarement l'éponge ; que leurs affûts d'ailleurs sont mauvais ; que, dans l'intervalle d'un combat à l'autre, ils ne peuvent pas les réparer ; que leurs canons sont à fleur d'eau ; que de la manière dont ils les pointent, ils portent loin, et sont peu redoutables de près : en telle sorte qu'un *cutter* espagnol étant tombé sous le vent, essuya le feu des batteries sans en être atteint, tandis que sa mitraille balayait le môle.

Quoi qu'il en soit de l'exactitude de ces observations et de ce qui peut rester encore vrai de ces détails, il paraîtrait, selon les mêmes témoins, que les Espagnols ignorèrent leurs succès, et qu'ils se retirèrent au moment où le dey allait leur demander la paix.

Au retour des Espagnols devant Alger en 1784, la régence était pourvue de 60 chaloupes canonnières et bombardières. Les Espagnols, qui (disent les relations) ne connaissaient pas les préparatifs de défense, leur opposèrent une ligne d'environ 100 chaloupes ; leur escadre, y compris ces chaloupes, était de 150 voiles, parmi lesquelles étaient des vaisseaux de ligne, frégates, galères, demi-galères, bricks : c'était une réunion de forces maritimes d'Espagne, de Naples, de Portugal et de Malte. Les opérations furent insignifiantes, et on attribua à des sommes considérables, répandues dans le conseil du dey, le traité signé le 15 juin 1785, par Mazzaredo, au nom du roi d'Espagne. Les Algériens profitèrent de l'argent et du temps pour augmenter beaucoup leurs fortifications.

Les mêmes mémoires prétendent qu'avant de prendre ce parti, ils avaient délibéré s'ils n'abandonneraient pas Alger, pour se porter et s'établir à Bugie, dans une position regardée, ajoute-t-on, par les Anglais eux-mêmes, comme inexpugnable.

§ IX.

Bombardement d'Alger par lord Exmouth, en 1816.

Ce fut dans un état formidable de défense, que lord Exmouth, trente-deux ans après la dernière attaque des Espagnols, trouva la place d'Alger et particulièrement le front qui la défend du côté de la mer.

L'amiral anglais partit, le 14 août, de Gibraltar, où il avait été retenu pendant quatre jours par les vents contraires.

Sa flotte se composait de 12 vaisseaux ou frégates, 4 galiotes à bombes, 1 brick, 1 schoner ; elle était combinée avec l'escadre des Pays-Bas, qui consistait en 6 frégates et 1 brick.

Des atrocités commises à Bone peu de mois auparavant, sur des Anglais sans défense, avaient donné lieu à cette expédition, qui fut décrétée, préparée et exécutée en moins de cent jours.

Nous emprunterons, pour faire connaître au lecteur ces opérations et leurs résultats, l'exposé que dans un plus grand et essentiel travail, consigné au Depôt de la guerre, en a fait un officier général appelé à recueillir depuis long-temps tous les renseignemens utiles à l'expédition qui se prépare aujourd'hui, et dans laquelle il commande une division.

« Le lord Exmouth [1] s'était d'abord présenté à la tête d'une escadre de 6 vaisseaux de ligne, de 4 frégates et de 2 bricks, pour demander au nom des grandes puissances européennes l'abolition de l'esclavage des chrétiens. Le dey en fut tellement irrité, qu'il fit mettre aux fers le consul général d'Angleterre, et prescrivit l'arrestation immédiate de tous les sujets de la Grande-Bretagne qui se trouvaient dans ses états. Deux capitaines de vaisseau qui étaient à terre furent assaillis par la soldatesque algérienne, blessés grièvement et mis au bagne. Nonobstant ces excès, lord Exmouth parvint à ramener l'affaire à une sorte de conciliation, et il convint avec le dey que la question de l'abolition de l'esclavage des chrétiens serait remise à l'arbitrage de la Porte-Ottomane. Mais le cabinet de Londres ayant rejeté cette convention, la seconde expédition plus formidable fut préparée contre Alger. Une corvette en porta avis au consul anglais, qui, n'ayant pu se soustraire à la férocité du dey, fut arrêté de nouveau et jeté dans un cachot avec les malfaiteurs. 4 officiers anglais et 14 matelots de l'équipage de la corvette furent maltraités par la populace, et mis aux fers. »

[1] Le choix de cet amiral était d'autant plus judicieux qu'il avait, à plusieurs reprises, passé un assez long temps dans la ville ou dans les Etats d'Alger.

« L'escadre anglaise, composée de 37 voiles, dont 6 portant pavillon hollandais, se présenta devant Alger le 27 août, après avoir fait connaître au dey que la médiation de la Porte-Ottomane avait été rejetée à Londres. Lord Exmouth lui signifia que le roi de la Grande-Bretagne exigeait :

1° L'abolition immédiate de l'esclavage des Européens ;

2° Réparation suffisante des insultes et des dommages que les sujets de l'Angleterre venaient d'éprouver dans les états d'Alger. »

Le dey ayant repoussé avec un mépris insolent les demandes de l'amiral anglais, celui-ci, qui avait mis à profit le temps que lui laissaient ces pourparlers pour disposer ses vaisseaux d'une manière favorable à son plan d'attaque, fit avancer les galiotes à bombe.

Le dey arrivait en ce moment, ivre de colère, dans les batteries du mole qui engagèrent le combat.

L'escadre anglaise commença alors un feu si terrible qu'en peu de temps l'artillerie des batteries supérieures fut entièrement démontée. *La reine Charlotte*[1], que montait le vicomte Exmouth, s'était placée à l'embouchure extérieure du fort, dont elle prenait à revers les défenses. La flotte algérienne qui y était mouillée, les forts de la Marine et les chantiers foudroyés par l'artillerie de vaisseau, restèrent bientôt sans défenseurs.

L'amiral anglais détacha alors des chaloupes qui attachèrent une chemise souffrée à la frégate en-

---

[1] Ce vaisseau s'était approché du rivage au point que du tillac on découvrait tout le mole et l'endroit appelé *la Marine*: ils étaient couverts de plus de 3000 spectateurs qui regardaient la flotte anglaise et ne paraissaient pas s'attendre à la terrible canonnade qui allait s'engager. Lord Exmouth, debout sur la poupe, leur fit signe de se retirer; ils ne parurent pas le comprendre, et la première bordée en emporta près d'un millier. (*Note de la relation officielle anglaise.*)

nemie qui était embossée en face de l'entrée du port.

Le feu, excité par un vent frais, se communiqua avec rapidité aux bâtimens voisins, et bientôt 5 frégates, 4 corvettes et 30 chaloupes canonnières algériennes furent totalement embrasées.

Mais cet éclatant succès fut chèrement acheté par l'escadre combinée. Les batteries basses des Algériens étaient casematées et n'avaient pu être démontées ; elles avaient continué à faire un feu très nourri contre les Anglais. Les vaisseaux à trois ponts, un autre vaisseau de 74, une frégate de 60 et deux de 44 avaient été extrêmement maltraités.

Plusieurs autres bâtimens avaient éprouvé des avaries plus ou moins considérables ; 883 morts et plus de 1,500 blessés avaient considérablement diminué la force des équipages, qui étaient harassés de fatigues, après un feu non interrompu de 9 heures, pendant lequel l'escadre combinée avait brûlé près de 3,000 quintaux de poudre et lancé, sur le port ou la ville d'Alger, 51,556 boulets et 960 bombes. La canonnade commençait donc à languir, lorsque vers minuit 2 frégates algériennes en feu furent poussées par le vent d'ouest sur l'escadre anglaise, qui dut couper ses cables et se replier à la hâte de l'autre côté de la baie.

Le lendemain, des parlementaires algériens se présentèrent de la part du dey, dont l'existence était fortement menacée par une sédition générale, pour demander une suspension d'armes et la paix. L'amiral anglais qui, par le manque de poudre, le délabrement de presque tous ses vaisseaux et la diminution énorme de ses équipages, était hors d'état d'entreprendre une seconde attaque, y consentit, et stipula avec le gouvernement d'Alger un traité de paix portant :

1° L'abolition absolue de l'esclavage des chrétiens; 2° la délivrance, sans rançon, des captifs de toutes les nations européennes; 3° la restitution immédiate de

370,000 piastres fortes, que le dey avait reçues 2 mois auparavant pour rachat de 370 esclaves napolitains; l'affranchissement de tout tribut précédemment imposé au pavillon hollandais, qui jouirait désormais des avantages résultans des traités entre l'Angleterre et Alger.

1000 esclaves chrétiens furent rendus par le dey, en exécution de ce traité. La ville souffrit beaucoup de ce bombardement, mais elle ne put être incendiée, ni par les fusées à la congrève, ni par d'autres matières inflammables, dont elle fut pour ainsi dire inondée, à cause que les maisons y sont terrassées et presque entièrement construites en pierres et en briques. Les batteries supérieures du fort de La Marine qu'on avait vu prendre à revers furent démontées, et les canonniers qui les servaient exterminés en peu de temps; mais les remparts de la ville et les batteries basses du fort, qui sont construites en grosses pierres de taille liées ensemble par une espèce de ciment qui paraît indestructible, souffrirent peu, puisque aucune partie de ces fortifications ne croula, ni durant, ni après cette attaque mémorable

En septembre 1819, une escadre anglo-française, sous les ordres des amiraux Jurien et Frémentle, fut envoyée à Alger, pour signifier à la régence que les grandes puissances européennes, réunies en congrès à Aix-la-Chapelle, avaient adopté la résolution de faire cesser les pirateries des corsaires barbaresques.

Après avoir adressé une note à cet effet au dey, les amiraux eurent de longues conférences avec lui; mais il refusa toute réponse par écrit, en ajoutant, fort insolemment de vive voix, qu'il continuerait, au contraire, de faire la guerre aux pavillons des nations qui négligeraient d'envoyer traiter de la paix à Alger. Les deux amiraux avaient également ordre d'insister auprès du dey pour faire cesser l'usage dans lequel sont les corsaires Africains d'envoyer, contre la teneur des traités existans, des détachemens de leurs équipages à bord des bâtimens de commerce qu'ils rencontrent, sous prétexte de visiter leurs passeports; mais ce chef de pirates s'y refusa avec la même ténacité, et les deux divisions navales de France et d'Angleterre quittèrent la rade d'Alger sans avoir pu obtenir la moindre satisfaction.

Malgré le rude châtiment de 1816, le dey, ayant provoqué de nouveau le ressentiment de l'Angleterre, une escadre anglaise, de 22 voiles, parut devant Alger, le 24 juillet 1824. Mais les différens qui s'étaient élevés entre ces pirates et le gouvernement anglais furent terminés par négociation, et sans que des hostilités de quelque importance eussent été commises.

Telle est, touchant la question d'Alger, la série des faits qu'on peut appeler proprement historiques, c'est-à-dire, depuis assez long-temps consommés, pour avoir, dans l'opinion, force de chose jugée.

L'idée que nous en avons donnée peut être incomplète, sans doute, et laisser beaucoup à désirer; mais elle n'est point hasardée; tous ces faits ont été puisés aux meilleures sources.

§ X.

Hostilités des États-Unis contre la régence d'Alger, et causes de l'expédition actuelle de la France contre cette régence.

Il n'entrait pas dans notre plan, qui n'embrassait que les expéditions ordonnées par les puissances européennes, de placer à son rang, selon l'ordre des temps, l'acte vigoureux par lequel les États-Unis d'Amérique s'affranchirent d'une manière remarquable de la majeure partie du tribut auquel Alger, dans l'insolence de sa force, avait soumis les Anglo-américains, encore faibles et long-temps dépourvus de moyens de guerre maritime.

Nous laisserons raconter cet épisode purement maritime à un des principaux acteurs, M. Shaler, consul général des États-Unis.

« Après la ratification du traité de Gand, dit cet écrivain, le congrès des États-Unis, alors en session, repoussant l'idée de payer plus long-temps tribut aux Algériens, leur déclara la guerre et prit les mesures qu'exigeait l'envoi, dans la Méditerranée, d'une force navale suffisante, soit pour forcer la régence à conclure la paix, soit pour garantir le commerce de la république contre toute piraterie. A cette occasion, je fus nommé, par le président, commissaire pour traiter de la paix avec Alger, et les capitaines Bainbridge et Decatur, commandans des forces maritimes destinées à appuyer les négociations, me furent adjoints. Je fis voile de New-York, en mai 1815, avec M. Decatur qui commandait la première division, laquelle consistait en trois frégates, un sloop, un brick et trois schooners. Nous arrivâmes dans la Méditerranée au commencement de juin, et, le 16 du même mois, nous rencontrâmes et prîmes une frégate algérienne, à la hauteur du cap de Gate; deux jours après, nous fîmes rencontre et capture d'un grand brick; le 28 juin, nous parûmes à la hauteur d'Alger; et, conformément à nos instructions, nous proposâmes à la régence les conditions auxquelles elle pouvait renouveler ses relations pacifiques avec les États-Unis. Les Algériens furent tout-à-fait déconcertés par ces événemens, et, tous leurs croiseurs étant en courses, ils accédèrent, presque sans discussion, aux termes de la paix que nous dictâmes. Le traité fut signé le 30 juin, et, le soir du même jour, je débarquai à Alger, en qualité de consul-général des États-Unis, poste auquel j'avais également été nommé par le président, le cas échéant de la conclusion de la paix.

« Ces événemens se succédèrent si rapidement que j'avais peine à y croire. Il m'avait semblé impossible que cette fameuse régence pût se rendre à discrétion dès le premier coup de vigueur ; mais un léger examen me fit voir qu'elle n'était qu'un ridicule fantôme, et m'amena à regretter que nos instructions ne nous permissent pas de lui infliger un châtiment plus exemplaire. »

Ce châtiment exemplaire reste à infliger. La situation respective d'Alger et de la France, qui amène et nécessite un dénouement, doit être connue et consignée dans ces notices ; c'est ce qui nous oblige, en finissant, de remonter un moment la chaîne des temps et des faits, dans cette direction et sous le point de vue particulier de cette situation respective. Il nous suffira toutefois de nous reporter aux dernières années du 18e siècle, époque où la prospérité des Barbaresques fut, par la complaisance ou la rivalité des grandes puissances, élevée au point le plus menaçant.

Lors de l'invasion de l'Égypte par les Français, la Porte avait contraint les Algériens à déclarer la guerre à notre pavillon ; mais comme, dans l'état de choses existant, cette déclaration était contraire aux intérêts des Algériens, ils ne firent qu'une guerre nominale. Bonaparte, en arrivant au consulat, renouvela la paix entre la France et Alger ; subséquemment, à la faveur des anciennes impressions qui militaient pour la France et de la crainte qu'inspirait son pouvoir chaque jour croissant, sous le consulat et au commencement de l'empire il avait forcé la régence à mettre en liberté les esclaves appartenant aux différentes portions de l'Italie successivement réunies à l'empire français, et à reconnaître et respecter ces contrées comme parties intégrantes de son territoire.

L'idée de porter la victoire et la conquête sur les

côtes septentrionales de l'Afrique ne fut point étrangère à Bonaparte. Il y eut des missions données dans cette vue ; elles ont eu lieu à plusieurs époques ; les renseignemens qu'elles ont produits ont été très utiles. Il eût été à désirer qu'on eût donné plus de suite à ces projets, et qu'ils en eussent écarté d'autres moins justes et moins profitables à la France.

L'influence française avait diminué à Alger, à mesure que la supériorité maritime de l'Angleterre avait grandi et s'était consolidée. En 1806, la pêche du corail fut enlevée à la France et donnée à l'Angleterre. Ce fut une époque d'impunité et, à la honte de l'Europe, de considération pour Alger. L'accord entre ces deux grandes puissances peut seul la faire tomber, leur rivalité trop animée la soutint, et permit tout à sa rapacité.

Nous approchons de l'époque où nos relations personnelles avec les deys d'Alger vont contracter un caractère entièrement hostile.

On sait quel est le poids et l'importance des relations personnelles dans un gouvernement aussi absolu que celui d'Alger.

Ces gouvernemens sont en même temps ceux qui sont le plus sujets aux révolutions instantanées.

Le 8 septembre 1817, une de ces brusques violences ôta le trône et la vie à Omar-Pacha : c'est sous celui-ci qu'Alger avait été successivement humiliée par les États-Unis et par l'Angleterre ; mais il avait soutenu avec constance ce dernier revers, il s'en était relevé avec intelligence, et avait laissé les fortifications d'Alger dans un état plus imposant que jamais du côté de la mer. Omar-Pacha ne manquait pas de bonnes qualités.

Ali-Codgia le fit périr et lui succéda ; c'était un homme lettré, mais d'ailleurs brutal et cruel par tempérament et par caractère ; ce fut lui qui, sur l'avis d'une première conspiration contre sa personne, transféra la résidence du dey, et fit transférer le trésor au château où tous deux sont aujourd'hui *enfermés* [1].

Ali organisa pour sa sûreté une garde de naturels du pays à l'aide de laquelle il prétendait rendre son pouvoir héréditaire. En attendant il brava ouvertement les Turcs. On voit ici, comme on l'a vu à chaque époque, la haine qui fermente sourdement mais sans cesse entre les Turcs et les Maures, haine que le succès d'un ennemi, quel qu'il soit, doit développer à l'avantage de cet ennemi. Ali-pacha tentait, dans sa sphère plus étroite, tout ce qu'a exécuté le Grand-Seigneur régnant à Constantinople ; il commença avec la même rigueur. Au bout de quelques mois et dans les premiers de 1818, la peste mit fin aux innovations et à la vie d'Ali : pendant sa courte régence, Alger n'avait reçu des puissances étrangères que des humiliations.

Ces deux règnes ont laissé au dey actuel, Hussein-Pacha, deux héritages importans, les fortifications de la Marine pour la défense de la place, l'usage de la résidence du château pour le dey et pour son trésor.

Hussein-Pacha s'était d'abord fait connaître sous des rapports avantageux ; mais l'orgueil qu'inspirent depuis long-temps à ses prédécesseurs les extrêmes ménagemens qu'ont toujours eus les grandes puissances, lui a dicté les procédés qui attirent aujourd'hui contre Alger les forces de la France.

C'est Alger qui a déclaré la guerre à la France [2] le

[1] Le consul américain, que nous avons cité, présent à cette translation, s'exprime ainsi : « Quelques personnes ont cru « pouvoir évaluer le trésor public, par le temps qu'il a fallu « pour le transporter à dos de mulet à la citadelle. Il fut question de l'énorme somme de cinquante millions de dollars : je « ne prétends avoir aucune opinion précise à ce sujet, mais on « ne peut douter que ce trésor ne monte à une somme très importante. »

[2] Discours du ministre des Affaires-Etrangères, le 10 juillet 1829.

15 juin 1827 ; cette circonstance seule trancherait la question. Toutefois nous rappellerons en peu de mots les griefs de la France, exposés devant les députés des départemens successivement par deux ministres, celui des Affaires-Étrangères en 1829, celui de la Marine en 1830.

« Ce n'est point, dit le premier, un fait isolé qui amena la rupture entre la France et la régence d'Alger.

« Nos griefs remontent jusqu'à l'époque de l'accession au pouvoir du dey actuel, Hussein-pacha, en 1818. Mais c'est surtout depuis 1824 qu'ils ont acquis plus de gravité.

« A cette époque, contre la teneur expresse des traités, des perquisitions furent exercées dans la maison consulaire de France à Bone, sous prétexte de contrebande. Des autorisations illicites de séjourner et de commercer dans cette ville et sur les côtes de la province de Constantine, furent accordées à des négocians anglais et mahométans. Un droit arbitraire de dix pour cent fut établi sur les marchandises introduites dans ces contrées pour le compte de l'agent des concessions françaises.

« En 1826, des navires appartenant à des sujets du St.-Siége, mais couverts du pavillon blanc et de la protection de la France, furent injustement capturés, et la restitution en fut refusée. Des propriétés françaises, saisies à bord d'un navire espagnol, furent confisquées. Ainsi furent violés les deux principes qui ont constamment servi de base à nos transactions avec les régences d'Afrique : que le pavillon français couvre la marchandise quelle qu'elle soit, et que la marchandise française est inviolable, même sous le pavillon ennemi. Des visites arbitraires et des déprédations furent commises à bord des navires français. La souveraineté de la France sur cette portion de territoire qui se trouve comprise entre la rivière Seïbouse et le cap Roux, et dont elle est en possession depuis le milieu du 15e siècle, fut méconnue. Une somme de 2,500,000 fr., reste d'une créance déjà remboursée à des juifs algériens pour les fournitures de grains qu'ils avaient faites dans les premières années de la République, versée dans la Caisse des dépôts et consignations pour y servir de gages aux créanciers français des sieurs Busnach et Bacri, en exécution d'une transaction passée, le 28 octobre 1819, entre des commissaires du roi et les fondés de pouvoirs de ces sujets algériens, fut violemment réclamée en termes fort inconvenans, ainsi que le remboursement d'une autre somme de 2,000,000 francs que le dey d'Alger accusait le consul-général de France d'avoir reçus, pour prix de prétendus bons offices qu'il aurait accordés à Bacri, alors privé de la liberté et chargé de fers par son maître.

« Enfin, pendant que le Gouvernement se disposait à faire à ces réclamations une réponse qui aurait contenu l'énumération de nos griefs et la demande de leur redressement, le 30 avril 1827, lorsque le consul-général de France venait de se rendre auprès du dey dans une occasion solennelle, pour le complimenter, suivant l'usage, la veille des fêtes musulmanes, une insulte grossière répondit seule à cet hommage accoutumé. »

Ainsi s'exprimait en 1829 un ministre connu par sa modération.

En 1830, le ministre actuel, après avoir retracé en peu de mots ce dont vient de nous instruire son prédécesseur, et après l'énonciation de l'outrage que le dey se permit vis-à-vis du consul de France, le 30 avril 1828, continue ainsi :

« Le gouvernement du roi, informé de cette insulte,
« envoya au consul l'ordre de quitter Alger, et celui-
« ci, étant parti le 15 juin, le dey ordonna aussitôt au
« gouvernement de détruire les établissemens français

« en Afrique, et notamment le fort La Calle, qui fut
« dépouillé complétement et ruiné de fond en comble,
« après que les Français l'eurent évacué, le 21 juin.

« Ce fut alors que commença le blocus, qui, depuis
« cette époque, nous coûte, sans amener aucun résul-
« tat, plus de 7 millions par an.

« Au mois de juillet 1829, le gouvernement du roi,
« reconnaissant l'inefficacité de ce système de répres-
« sion, et pensant à prendre des mesures plus décisives
« pour terminer la guerre, crut cependant devoir,
« avant d'arrêter sa détermination, faire une dernière
« démarche vis-à-vis du dey.

« M. de La Bretonnière fut envoyé à Alger; il porta
« au dey, jusque dans son palais, nos justes récla-
« mations; le dey refusa d'y faire droit, et lorsque
« M. de La Bretonnière se disposait à s'éloigner du
« port, les batteries les plus voisines firent feu toutes à
« la fois sur le bâtiment parlementaire, à un signal parti
« du château même occupé par le dey. Le feu dura
« une demi-heure, jusqu'à ce que le bâtiment que
« montait M. de La Bretonnière se trouvât hors de la
« portée du canon.

« Telle est la suite des griefs, telle est la peinture
« fidèle de l'état de choses qui force aujourd'hui le Roi
« à l'emploi des moyens que la Providence a mis entre
« ses mains pour assurer l'honneur de sa couronne, les
« priviléges, les propriétés, la sûreté même de ses
« sujets, et pour délivrer enfin la France et l'Europe
« du triple fléau que le monde civilisé s'indigne de
« subir encore, la piraterie, l'esclavage des prison-
« niers, et les tributs qu'un État barbare impose à
« toutes les puissances chrétiennes.

« Désormais, toute pensée de conciliation est écar-
« tée, et le Roi a dû chercher dans la force de ses
« armes une vengeance que des considérations d'un
« autre ordre l'avaient engagé à suspendre. La ques-

« tion n'était plus de savoir si on ferait la guerre, mais
« comment on la ferait. Le gouvernement a dû porter
« dans une matière aussi importante toute la prudence
« et toute la réflexion possibles. Sa résolution prise, il
« doit l'exécuter avec énergie. »

Telles sont les raisons, tels sont les motifs de guerre qui, dans tout autre cause, satisferaient les hommes d'État les plus scrupuleux ; mais ils sont surabondans dans une cause semblable à celle-ci. Qu'est-il besoin, en effet, de spécifier les griefs qu'on a eus dans ces derniers temps contre Alger, quand l'existence même d'Alger est un grief suffisant pour toutes les nations civilisées, une raison juste et permanente de détruire ce nid de pirates et de forbans ?

Depuis long-temps la politique, l'humanité, réclament l'anéantissement d'une puissance dont toutes les maximes sont un outrage constant à toute morale, à toute civilisation.

Il n'a jamais pu exister d'excuse valable de souffrir Alger, que de n'être pas assez fort ou de n'être pas en mesure, par une raison légitime quelconque, pour le dompter. Dès que par les circonstances où se trouve la société humaine, cette opération devient une possibilité, elle est un devoir ; la France, directement provoquée, le remplira.

Déjà, presqu'avec autant de rapidité que ces notices étaient recueillies et rédigées, des préparatifs proportionnés à l'intérêt du succès, et pour lesquels on a eu raison de ne craindre aucune publicité, ont attesté, à l'envi, les ressources et la volonté du gouvernement français, les efforts éclairés de l'administration, le dévouement et la savante activité de la marine, l'ardeur et la discipline de l'armée de terre.

STATISTIQUE
MILITAIRE
DE L'ÉTAT D'ALGER.

PREMIÈRE PARTIE.
DESCRIPTION PHYSIQUE.

CHAPITRE PREMIER.
GÉOGRAPHIE.

Position géographique. — La régence d'Alger, bornée au nord par la Méditerranée; à l'ouest, par les États de Maroc; à l'est, par ceux de Tunis; au sud, par le Sahara ou Grand-Désert, s'étend de 6° 30′ de longitud est, à 4° de longitude ouest.

Jusqu'à présent, la position de toute cette partie de la côte d'Afrique, n'a pas été fixée avec exactitude, et l'on ne saurait accorder une entière confianc à la détermination d'Alger, que donne la *Connaissance des Temps*. Celle adoptée par nous pour cette ville, quoique déduite d'observations récentes, ne peut pas non plus être considérée comme une estimation rigoureuse.

Des ingénieurs-géographes ayant été attachés à l'expédition d'Afrique, nous devons attendre des opérations de ces officiers, des résultats d'un égal intérêt et pour la navigation et pour les sciences géographiques [1].

Étendue. — D'après ce qui a été dit plus haut, la longueur du territoire de la régence d'Alger serait, de l'est à l'ouest, de 210 lieues communes, de 25 au degré, ou de 93 myriamètres 1/2.

Les géographes et les voyageurs sont assez d'accord sur cette évaluation ; mais il n'en est pas ainsi quant à la largeur du même territoire, ou à son étendue, dans le sens du nord au sud. Il existe à ce sujet beaucoup d'incertitude, soit parce que aucune position sur la limite nord du Sahara n'a encore été déterminée par l'observation, soit parce que les contrées au delà de l'Atlas sont seulement habitées par des Berbères ou Kabaïles, tribus nomades sur lesquelles le dey d'Alger n'exerce qu'une autorité précaire.

Suivant le docteur Shaw, la largeur moyenne de ce que les Arabes nomment le *tell*, ou le pays labourable, serait de 60 milles géographiques ou de 25 lieues. Shaler, sans contredire ouvertement cette opinion, se croit fondé à donner au tell une largeur plus considérable.

---

[1] Nous ferons remarquer à cet égard qu'Alger se trouve, à quelques lieues près, sous le méridien de Paris ou de Dunkerque, et que la portion de la mer Méditerranée traversée par ce méridien n'est pas un obstacle invincible pour prolonger jusqu'à l'Atlas les opérations de la mesure de la méridienne, qui ont été arrêtées à l'île Formentera, l'une des Baléares. Voici à ce sujet comment M. Biot termine la préface du quatrième volume de la *Base du système métrique*.

« Enfin, notre opération aura peut-être dans l'avenir des con-
« séquences plus étendues. Si jamais la civilisation européenne
« parvient à s'établir sur les côtes d'Afrique, rien ne sera plus
« facile que de traverser la Méditerranée par quelques trian-
« gles, en prolongeant notre chaîne dans l'ouest jusqu'à la hau-
« teur du cap de Gate : après quoi, montant la côte d'Afrique
« jusqu'à la ville d'Alger, qui se trouve sous le méridien de
« Paris, on pourra mesurer la latitude et porter l'extrémité
« australe de notre méridienne sur le sommet du mont Atlas. »

En la supposant de 30 lieues, on trouverait, pour la partie arable de la régence, 6,300 lieues carrées, ou environ 1,260 myriamètres carrés.

Le *Dictionnaire géographique universel*, par une Société de Géographes, publié par Ch. Picquet, porte la largeur totale des états d'Alger à 180 lieues, ou 80 myriamètres.

Le mont Atlas qui, entre Fez et Maroc, s'élève à plus de 4,000 mètres au dessus de l'océan, se divise, à son entrée sur le territoire de la régence, en deux chaînes principales : l'une traverse ce territoire dans la direction de l'ouest à l'est, et se termine au cap Bon dans les états de Tunis; l'autre, limitant au nord le Sahara, va se réunir aux montagnes de Gadamès qui entourent le golfe de la Sidre (la Grande Syrte).

La première de ces deux chaînes prend le nom de Grand-Atlas : elle se compose de plusieurs groupes de montagnes, dont les plus remarquables sont les monts Ammer, Loouatt, Tell, et les monts Aurasiens au nord du pays de Zab.

On appelle Petit-Atlas, la chaîne la plus rapprochée de la côte septentrionale de la Méditerranée, et qui est quelquefois parallèle au Grand-Atlas, ou s'y rattache par plusieurs chaînons transversaux. On citera, parmi les sommets principaux du Petit-Atlas, les monts Jurjura, à 14 lieues sud-est d'Alger, et le mont Ouannaseris, au nord des sources de la rivière Chelliff, et à 45 lieues sud-ouest de la capitale de la régence.

Ces massifs de montagnes, de formes et de directions différentes, sont séparés, tantôt par des plaines extrêmement riches en céréales, tantôt par des déserts stériles, dont la surface est entrecoupée de roches noires, ou de couches de sel éclatantes de blancheur; tantôt, enfin, par des vallons, dont la fraîcheur est entretenue par des eaux limpides, qui favorisent la culture d'un grand nombre d'arbres fruitiers.

Excepté sur la partie de leur cime la plus élevée, les hautes montagnes sont en général couvertes de forêts. Les rivières et les ruisseaux qui en découlent grossissent tout à coup dans le temps des pluies, et se changent alors en véritables torrens.

Versans et bassins. — Les chaînons qui unissent le Petit-Atlas au Grand-Atlas, ainsi que ceux qui s'appuient sur les flancs méridionaux de ce dernier, et se perdent dans le désert, forment divers bassins, au fond desquels sont des rivières, d'un cours peu étendu, et non navigables. Ces rivières ou coulent au nord, et se jettent dans la Méditerranée ; ou bien, se dirigeant vers le sud, elles se perdent dans des lacs ou s'évaporent dans les sables du désert.

La description physique de la régence d'Alger pourrait se réduire à celle de deux versans principaux : le premier, qu'on nommerait versant de la Méditerranée ou du nord, comprendrait les bassins de toutes les rivières qui épanchent leurs eaux dans cette mer, depuis le cap Hone, à l'ouest, jusqu'à Tabarka, à l'est ; le second versant, qu'on appellerait versant du Désert ou du midi, comprendrait les bassins des rivières qui découlent des flancs méridionaux du Grand-Atlas. Parmi ces rivières, vient en première ligne le Ouadi-Djiddi, dont le cours se dirige de l'ouest à l'est, et dont les affluens paraissent circonscrits dans un vaste bassin presque circulaire au fond duquel est le lac Melgig.

On a, jusqu'à ce jour, recueilli trop peu de données sur la configuration générale du terrain, et notamment sur les lignes de partage des eaux, pour qu'on puisse adopter cette classification : il paraît donc préférable de prendre pour base de la description physique, la division administrative de la régence ; et, comme le territoire d'Alger et la province du Sud sont les parties qu'il importe le plus de connaître, on s'attachera à donner, sur ces contrées, tous les renseignemens topographiques fournis par les voyageurs et les géographes qui les ont parcourues ou étudiées.

La régence d'Alger, composée de la Mauritanie Césarienne et de l'ancienne Numidie, se divise en trois parties : la province de Trémecen ou de l'ouest; la province de Titteri ou du sud ; la province de Constantine ou de l'est : la ville d'Alger, avec sa banlieue, peut être considérée comme une quatrième province dont le gouvernement étend sa juridiction sur les trois autres.

Bornée à l'occident par le Ma-za-Fran, et à l'orient par le Bouberak, la province de Titteri a à peine 25 lieues de largeur entre ces deux rivières, sur une longueur beaucoup plus grande vers le sud.

Toute la côte de la régence est, en général, abrupte; mais le terrain qui l'avoisine, jusqu'à 5 ou 6 lieues dans les terres, à l'exception des hauteurs qui sont autour d'Alger, est un pays plat. Derrière cette plaine s'élève une chaîne de montagnes escarpées qui, partant des environs de la baie de Tefessad, rejoint de nouveau la mer près de la rade de Djinnet; elle règne sur presque toute la largeur de la province, dans la direction de l'ouest à l'est, et appartient au Petit-Atlas. Par delà ces montagnes, on trouve encore d'autres plaines très étendues ; puis la chaîne irrégulière du Grand-Atlas se présente comme une seconde barrière qui défend l'entrée du Sahara où vont se perdre ses dernières pentes méridionales.

La plaine de Métidjiah, qui sépare les hauteurs d'Alger de la première chaîne de montagnes dont on vient de parler, s'étend, au sud de cette ville, sur une longueur de 20 lieues et sur une largeur de 3 ou 4, selon Boutin. Shaw lui donne 8 lieues de largeur ; elle est arrosée par un grand nombre de sources et de ruisseaux, et coupée par différens marais qui s'agrandissent chaque jour par suite de l'insouciance et de l'ignorance des habitans : ce terrain devient fangeux lorsque les pluies d'hiver sont abondantes.

A près de deux lieues au nord-est du Ma-za-Fran, un cap, bordé de rochers, qui porte le nom de Sidi-el-Ferruch ou de Turetta-Chica, s'avance dans la mer, en présentant de chaque côté un enfoncement formant une petite baie. Les dimensions données à ce cap par le capitaine Boutin, qui en fait une presqu'île, paraissent beaucoup trop considérables, comparées à celles que donnent l'ouvrage de Shaw et les reconnaissances faites récemment par la marine française.

A cinq quarts de lieue au nord-est de Sidi-el-Ferruch se trouve la pointe de Sidi-Halif, formant un petit port, et, une lieue plus loin, le cap Caxines (Ras Acconatter) qui est le point de cette côte le plus avancé vers le nord. On y trouvait, du temps de Shaw, une source de bonne eau et les vestiges d'un aqueduc.

Le Mers-el-Dhabanne ou port des mouches, est à trois quarts de lieue à l'est du cap Caxines; en suivant à peu près la même direction, on trouve, à cinq quarts de lieue plus loin, la pointe Pescade; puis, en tournant vers le sud, à la distance d'une lieue, on entre dans le port d'Alger.

Le môle a été formé en réunissant une petite île rocailleuse à la terre ferme.

Depuis le cap Caxines jusqu'à ce point, la chaîne des hauteurs qui bordent la mer est généralement impraticable.

Le groupe de hauteurs, appelé Boujareah, situé au sud-est du cap Caxines, domine toute la partie du terrain que l'on vient de décrire, et semble entièrement détaché du Petit-Atlas : c'est sur le penchant oriental de l'une de ces collines qu'est bâtie la ville d'Alger. Les versans de ce groupe, plus abruptes vers le nord, se prolongent et s'adoucissent vers l'ouest et vers le sud.

En suivant le contour de la rade d'Alger et se dirigeant vers le cap Matifouz, on trouve d'abord, à 1 lieue 3/4 au sud-est, la rivière d'Aratch, et plus loin le Hamise : ces rivières viennent jeter leurs eaux dans la mer. A moins d'une lieue au nord du Hamise, est le cap Temendfus ou Matifouz. A l'est du Temendfus, il y a une petite baie remarquable par le nombre des cours d'eau qui s'y rendent; c'est sur ce point que viennent aboutir les rivières de Regia, Budouah, Corsoe et Isser. Vis-à-vis de l'embouchure de la Regia, existe une petite île, éloignée de la côte d'environ 800 mètres.

Le plat pays, sur le bord de ces rivières, s'étend entre les montagnes de l'Atlas et la mer ; il est habité par plusieurs tribus qui portent les noms de Rassouta, Durgana, Marachda, Geuse, Hamid et Adrooua.

La petite baie de Djinnet est à une lieue au nord-est de l'Isser : il y a devant elle une assez bonne rade.

La côte, assez unie depuis le Temendfus jusqu'à Djinnet, commence, vers ce dernier point, à devenir escarpée et montagneuse.

A trois lieues plus loin, à l'est, on trouve l'embouchure de la Bouberak, qui borne la province du sud ou de Titteri du côté de l'orient.

La description de la partie intérieure de la province du sud, qui s'étend entre la plaine de Metidjiah et le Sahara, n'offre guère, dans Shaw, que la nomenclature des tribus d'Arabes ou de Kabaïles qui peuplent ces contrées, et l'énumération des montagnes qui mettent leurs habitans à couvert des exactions du dey d'Alger.

Hauteur au dessus de la mer. — M. Desfontaines évalue, approximativement, l'élévation des plus hautes montagnes du territoire de la régence à 2,400 mètres au dessus du niveau de la mer : cependant, si l'on s'en rapportait aux observations de Shaw, le Ouannaseris dépasserait 3,500 mètres.

D'après la reconnaissance des environs d'Alger, par Boutin, la hauteur des collines qui entourent cette place varie depuis 30 jusqu'à 150 mètres.

CHAPITRE II.

GÉOLOGIE ET MINÉRALOGIE.

Nature du sol. — Le sol de la régence d'Alger est formé, sur la côte, par des marnes ou des sables marneux, et par des calcaires compacts durs. Il est à présumer que ces dernières roches appartiennent à l'époque jurassique, et reposent sur une couche de marne argileuse très épaisse; le grand nombre de sources qui sourdent aux environs d'Alger rendent cette opinion assez probable.

Dans le Petit-Atlas, les montagnes se composent de calcaire et de grès; mais les vallées, ainsi que la plaine située du côté de la mer, sont sablonneuses. Le sol est souvent imprégné de sel marin, et présente même, dans les contrées voisines du Sahara, des plaines entières recouvertes de cette substance; il contient en outre une quantité notable de nitrate de potasse (salpêtre). Le flanc des collines est sillonné par de nombreux ravins qui n'ont de l'eau que dans la saison des pluies.

Ordre de superposition des couches. — L'ordre de superposition des couches dans la chaîne des montagnes du Petit-Atlas n'est pas connu. On trouve, çà et là, des amas de sable plus ou moins calcaire, renfermant des coquilles marines peu différentes de celles qui vivent encore dans la Méditerranée. Quant aux collines du littoral, leur base est formée par un calcaire assez dur, recouvert, sur plusieurs points, par un terrain tertiaire moderne, analogue à celui des collines sub-apennines, et dans lequel les eaux sauvages ont creusé un grand nombre de ravins.

Près de la ville d'Oran, M. Desfontaines a remarqué beaucoup de roches poreuses; ce naturaliste les croit volcaniques.

Poiret a reconnu, non loin de La Calle, dans le pays habité par les Nadis, des traces positives d'anciens volcans.

Substances métalliques et combustibles exploitées. — A l'époque du voyage du docteur Shaw (1732), le plomb et le fer étaient les seuls métaux qu'on eût découverts sur le territoire d'Alger; ce dernier est blanchâtre et fort bon, mais en médiocre quantité. Ce sont les Kabaïles des districts montagneux de Bugie qui le tirent de la terre et le forgent : ils l'apportent ensuite en petites barres aux marchés de Bugie et d'Alger. Il existe aussi des mines de fer dans les montagnes de Doui et de Zickar, au midi de Cherchell; la dernière est la plus riche : l'on y trouve quelquefois du cinabre; mais ni l'une ni l'autre ne sont régulièrement exploitées.

Les mines de plomb du mont Ouannaseris et des Beni-Boutaleb, sont toutes fort abondantes, et l'on en pourrait certainement tirer des produits considérables si elles étaient mieux travaillées. Les habitans obtiennent quatre-vingts livres de métal d'un seul quintal de matière.

M. Desfontaines dit que l'on remarque souvent des fragmens de minerai de fer entraînés par les eaux des torrens. Il a vu, dans la province de Trémécen, près de Mascara, les mines de plomb les plus riches entièrement délaissées, par suite de l'insouciance et de l'ignorance des Maures; enfin, il donne comme certaine l'existence de mines de cuivre et de plusieurs autres métaux.

Suivant Poiret, on trouve du minerai de cuivre très riche, près de Collo.

CHAPITRE III.

AÉROGRAPHIE.

Climat : température dans les diverses saisons. — La partie habitée des états de la régence étant comprise entre les 34ᵉ et 37ᵉ degrés de latitude septentrionale, on y jouit d'un air sain et tempéré, qui n'est ni trop chaud en été, ni trop froid en hiver; il n'y gèle presque jamais, et les saisons se succèdent les unes aux autres d'une manière insensible. On peut juger de l'égalité de l'état de l'atmosphère dans ce climat, par cette circonstance, que le baromètre, quelque temps qu'il fasse, ne varie que de 1 pouce 3/10; c'est-à-dire depuis 29 pouces 1/10 jusqu'à 30 pouces 4/10.

Suivant le naturaliste Desfontaines, le climat de la Barbarie est chaud, mais salubre et très agréable dans la partie septentrionale. L'hiver y est tempéré et offre l'image des premiers jours du printemps; le thermomètre de Réaumur s'élève, dans cette saison, de 10 à 15 degrés au dessus de glace. Au mois d'octobre, les pluies commencent à tomber et se succèdent par intervalle jusqu'au mois de mars; plus elles sont abondantes, plus l'espoir de la fertilité est grand, et, ce qui est très digne de remarque, les vents venant du nord amoncèlent les nuages, tandis que les vents du midi les dispersent et les dissipent entièrement.

Les vents d'ouest, de nord-ouest et du nord amènent d'ordinaire le beau temps en été, et les pluies à la fin de l'automne et en hiver; mais les vents d'est et de sud sont presque toujours secs, bien qu'ils apportent avec eux de gros nuages, et que le temps soit alors fort couvert. Le baromètre monte jusqu'à 30 pouces 3/10 par les vents du nord, quoique ces vents soient accompagnés de grosses pluies et de tempêtes. La hauteur ordinaire du mercure n'est que de 29 pouces 3/10 par les vents chauds du sud, et lorsqu'il pleut par un gros vent d'ouest.

Depuis le mois d'avril jusqu'en octobre, le ciel est constamment pur et brillant. Le thermomètre, en été, monte de 26 à 32 degrés; mais le vent qui souffle vers les 9 heures du matin, et la brise qui, pendant la nuit, s'élève du sein de la mer, viennent tempérer cette chaleur excessive.

Dans la partie méridionale située au delà de l'Atlas, où le sol entièrement sablonneux est très rarement arrosé par les pluies, le soleil est brûlant pendant l'été. Les habitans quittent alors leurs demeures et vivent à l'ombre des palmiers. On ne peut guère voyager dans cette région que durant la nuit; souvent des tourbillons de sable brûlant s'élèvent du sol, et forcent le voyageur à suspendre sa marche : quelquefois aussi les bourrasques sont tellement violentes, qu'à peine si l'on trouve un instant favorable pour replier ses tentes en toute hâte.

D'après un tableau inséré dans l'Introduction du *Dictionnaire géographique universel*, publié par Ch. Picquet, la température moyenne à Alger, pendant l'hiver, est de 16 degrés 4/10 au dessus de zéro; l'été, de 26 degrés 8/10, et pour toute l'année de 21 degrés 6/10.

On ne compte pas à Alger, année commune, plus de quarante jours pluvieux, et cependant la quantité de pluie qui tombe dans cette ville est d'environ 28 pouces ou 76 centimètres. On sait que pour Paris cette quantité d'eau ne s'élève, année moyenne, qu'à 19 pouces 7 lignes, ou 53 centimètres.

Faits météorologiques intéressans et phénomènes ter-

restres. — On éprouve, dans les états de la régence, de fréquens et violens tremblemens de terre; le dernier qui a eu lieu, en mars 1825, a détruit entièrement la ville de Blida. On voit près d'Oran d'innombrables morceaux de pierres poreuses vomies par d'anciens volcans. Les secousses se font quelquefois sentir en mer à une distance considérable. Shaw a remarqué que les tremblemens de terre arrivaient presque toujours un jour ou deux après une grande pluie, à la fin de l'été ou en automne.

On peut, d'après la grande connexion que les géognostes ont reconnue entre les tremblemens de terre et les irruptions volcaniques, conclure que si le territoire d'Alger ne possède aucun volcan actif, il n'en est pas moins volcanisé, et les nombreuses sources thermales dont il est parsemé viennent à l'appui de cette assertion.

CHAPITRE IV.

HYDROGRAPHIE.

Système général des eaux. — Après avoir parlé de la division du territoire de la régence en deux versans principaux, dont l'un comprend toutes les eaux qui vont se jeter dans la Méditerranée, et l'autre toutes celles qui vont aboutir au désert, il reste peu de chose à dire sur le système général des eaux, qui se trouve par cela même déterminé.

En continuant à se renfermer dans les limites de la province dont Alger est le chef-lieu, on n'aura à décrire que les rivières qui la bornent ou l'arrosent. On mettra en première ligne le Chelliff qui, dans une partie de son cours, la sépare de la province occidentale ou de Trémecen.

Fleuves et rivières. — Le *Chelliff* est la plus considérable des rivières qui ont tout leur cours dans le royaume d'Alger.

Les sources de cette rivière, que l'on appelle, à cause de leur nombre, Sebaoun-Aïoun (les septante sources), sont situées au pied du Ouannaseris (33 lieues) au sud-est de son embouchure; elles ne sont pas plus tôt réunies qu'elles tombent dans le *Bahr-Ouassel*, petit ruisseau qui perd alors son nom. Le premier cours du Chelliff, pendant 13 lieues, est à l'orient; il reçoit alors le ruisseau de Midroé, puis, sur une distance de 16 lieues, jusqu'aux environs de la ville d'Amoura, il coule du sud au nord; se courbant ensuite vers l'ouest, lorsqu'il est parvenu à la distance d'environ 20 lieues d'Alger, il court à peu près parallèlement à la côte l'espace de 40 lieues. Dans cette dernière partie de son cours, il reçoit, par la rive droite, la rivière de *Harbine* et les ruisseaux de *Ouarissa*, de *Tagia* et de *Rou-Cena*; et, par sa rive gauche, le *Feddah*, l'*Arheou* et la *Mina*; il se jette enfin dans la Méditerranée à 1 lieue 1/4 au nord-ouest de Kulmetta, et à 55 lieues à l'ouest d'Alger. Shaler croit que le Chelliff doit être navigable pour les petits bâtimens, jusqu'à une distance assez considérable de son embouchure.

Le débordement du Chelliff rend quelquefois difficile, dans la saison des pluies, la communication entre Alger et Oran.

La rivière de *Ma-za-Fran* (l'ancien Savus) forme la limite des provinces de l'ouest et du sud. Elle prend sa source au mont Zickar, coule pendant 14 lieues sous le nom de *Merega*, qu'elle échange ensuite, à Oudjeri, contre celui de Ma-za-Fran, et débouche dans la Méditerranée près et à l'est de Coleab, à 6 lieues sud-ouest d'Alger.

Le Ma-za-Fran reçoit à droite, la *Chiffa*; son cours

total est de 35 lieues au nord-est. Cette rivière est très sinueuse, très encaissée, et n'est jamais guéable; ses eaux sont jaunâtres.

A 2 lieues au sud-est d'Alger, coule la rivière d'A-ratch, qui prend sa source derrière les montagnes des Beni-Mousah, et, après s'être joint au *Ouadi-el-Kermez*, c'est-à-dire la rivière des Figues, arrose les parties les plus fertiles des plaines de Metidjiah.

L'Aratch, moitié plus large que le Ma-za-Fran, avait, en 1808, un pont en pierre à peu de distance de la mer.

Cette rivière conserve de l'eau en toute saison, mais est guéable partout en été : son lit est de sable mouvant, et sa largeur, près de son embouchure, est, selon Shaw, de 40 à 60 mètres.

Le *Hamise* prend sa source dans les hautes montagnes des Beni-Yaite, à 8 lieues au sud. Lorsque cette rivière passe dans les districts des Megata et des El-Huthra, on l'appelle *Arba-Taach-El-Mukdah*, c'est-à-dire des quatorze gués; et quand elle entre sur les terres des Metidjiah, elle prend le nom de Hamise ou *Souk-el-Hamise*, de la foire du cinquième jour qu'on tient sur ses bords.

Cette rivière est un peu moins considérable que l'Aratch.

La *Regia*, qui vient se jeter dans la mer à 3 lieues est du cap Matifouz, ne coule qu'en hiver.

La *Budouoah*, presque aussi forte que l'Aratch, tombe dans la Méditerranée, à 1 lieue à l'est de la Regia.

Plus à l'est encore on trouve la *Corsoe*, puis la *Merdass*, à 1 lieue l'une de l'autre. Un peu au delà de ce dernier cours d'eau sont les sources de *Chrub-ouechrub*, où les barques des chrétiens vont quelquefois faire de l'eau.

L'*Isser*, qui est une rivière beaucoup plus importante

que l'Aratch, et qui arrose un pays très fertile, a son embouchure à 4 lieues de la Merdass et à 8 lieues du cap Matifouz.

La *Bouberak*, rivière assez considérable, a sa source chez les Zououah, à 10 lieues au sud-est : après avoir serpenté dans les montagnes, elle prend le nom de *Nissah*, lorsqu'elle entre chez les Seboue ; vis-à-vis de Burgh elle reçoit le ruisseau *Bugdoura*, lequel est formé des eaux qui descendent du Jurjura et des montagnes du voisinage ; elle fait ensuite 3 lieues à l'ouest, puis, tournant à travers les montagnes de l'Abdelouairet vers le nord, elle porte le nom de Bouberak jusqu'à ce qu'elle tombe dans la mer.

Cette rivière borne, à l'est, la province d'Alger, et la sépare de la province orientale, c'est-à-dire de celle de Constantine.

Des eaux considérées sous le rapport de la vie animale. — Dans les environs d'Alger, l'eau est généralement très bonne ; la ville en est fournie par les citernes et les puits qui se trouvent dans beaucoup de maisons, et par un grand nombre de petites fontaines publiques qu'alimentent des canaux venant de la campagne. Les eaux recueillies pendant la saison des pluies (de novembre en mars) approvisionnent suffisamment Alger pour le reste de l'année, et, par conséquent, on pourrait s'y passer de celles qui sont amenées du dehors. La rupture des canaux aurait cependant pour effet de jeter une certaine inquiétude dans la ville.

Une armée assiégeante trouverait de l'eau dans les ruisseaux et fontaines qui existent autour de la ville, dans les canaux qui vont alimenter Alger, dans les nombreuses maisons de campagne qui sont aux environs, et qui, presque toutes, ont plusieurs puits et citernes ; enfin, pour dernière ressource, on aurait l'Aratch qui ne tarit jamais.

Les pluies cessent avec le mois de mars ; ainsi, au

commencement de mai, les chemins sont ressuyés, et les sources à peu près dans leur plus grande abondance. Celles qui ne coulent pas toute l'année ne tarissent que dans le commencement de juillet.

Dans l'intérieur du pays, le sol est imprégné d'une si grande quantité de sel marin et de nitre, que les fontaines d'eau douce sont beaucoup plus rares que celles d'eau salée. (Desfontaines.)

Les puits ne sont pas d'ordinaire très profonds, excepté ceux du Ouadreag et de quelques autres endroits près du Sahara. Souvent, lorsqu'on en creuse, après la première couche de terre, on trouve différentes couches de gravier, et quelquefois, mais rarement, de terre glaise; vient ensuite une espèce de pierre tendre, semblable à l'ardoise, sous laquelle il y a toujours de l'eau qui jaillit même avec une telle force que la vie des ouvriers se trouve quelquefois compromise. Dans certaines régions, comme aux environs d'Alger et de Bone, où l'on n'a ni terre ni gravier, le gisement de cette pierre est immédiatement à la surface du sol. (Shaw.)

Ce qui prouverait combien les eaux sont abondantes sur les collines qui avoisinent Alger, c'est la belle végétation qui s'y maintient même pendant les grandes chaleurs.

Lacs et marais. — La régence d'Alger contient plusieurs lacs et marais d'une étendue considérable; on indiquera seulement ici les principaux.

Le lac *Titteri*, entre les provinces de l'ouest et du sud, paraît alimenté par la rivière Chelliff qui le traverse dans la direction du sud au nord; rien n'indique que ses eaux soient salées.

Le *Chot*, situé sur la limite des deux provinces du sud et de l'est, entre le Grand et le Petit-Atlas, est une grande vallée marécageuse qui, selon les différentes saisons de l'année, est ou couverte de sel, ou inondée;

elle reçoit, sur tout son périmètre, un grand nombre de ruisseaux qui n'ont pas d'autre issue.

Le lac *Melgig*, dont les eaux sont salées, occupe le fond d'un immense bassin dans le pays de Zab, à l'est de Tuggurt.

La rivière Ouadi-Djiddi, ou du Chevreau, la plus considérable du royaume après le Chelliff, vient y perdre ses eaux grossies par tous les ruisseaux qui découlent des pentes méridionales du Grand-Atlas, dans la régence d'Alger.

Sources thermales et minérales. — Indépendamment d'une très grande quantité de ruisseaux et de fontaines dont les eaux sont chargées de nitre et de sel, le territoire d'Alger abonde en sources thermales et minérales: les unes sont sulfureuses, les autres ferrugineuses; celles-ci ne sont que tièdes, celles-là offrent un degré de chaleur insupportable. Les bains chauds de *Merega*, sur la rivière de ce nom (cours supérieur du Ma-za-Frau), entre le Chelliff et la mer; et ceux d'*El-Hammam-Meskouten*, au sud-ouest de Bone, sont les plus fréquentés: on croit leurs eaux très salutaires pour les rhumatismes, la jaunisse, et plusieurs autres maladies.

La température des eaux d'El-Hammam-Meskouten s'élève jusqu'à 77 degrés du thermomètre de Réaumur.

Nous croyons devoir parler ici de la source, défendue par la batterie Rouge (Redout-Colorath), près d'Oran, qui sort de terre presque bouillante.

A peu de distance de cette source, il en existe une autre, assez abondante pour faire tourner des moulins, et dont les eaux sont au contraire comme glacées.

Côtes: leur aspect; leur nature. — La côte de la régence d'Alger, sur une assez grande étendue, est formée de roches qui s'élèvent de 4 à 5 mètres au-dessus du niveau de la mer. Depuis l'embouchure du

Ma-za-Fran jusqu'à Sidi-el-Ferruch, et delà à la pointe de Sidi-Halif, le rivage est partout accessible; il est sablonneux ou de terre très meuble, et l'atterrage est facile. Dans cette même partie, la côte est bordée de dunes de 4 à 5 mètres d'élévation.

Le fond des deux petites baies à droite et à gauche du cap Sidi-el-Ferruch est tout de sable et d'une pente fort douce. Celle de ces deux baies, qui regarde l'ouest, est préférable pour le mouillage. D'après les dernières sondes données par la marine, il paraît que, sur ce point, une frégate de 60 canons pourrait s'approcher de terre jusques à environ 800 mètres.

Sur tout le développement de la côte, entre le cap Caxines et Alger, il existe, de distance en distance, à 40 mètres et jusqu'à 100 mètres en mer, de petites masses de roches qui pourraient occasioner de grands dommages aux vaisseaux mouillés dans ces parages, s'il survenait un vent un peu frais.

Ports et rades. — La rade d'*Alger*, qui s'étend depuis le port ou la darce, à l'ouest, jusqu'au cap Matifouz, à l'est, est grande et belle. Dans toute cette étendue, la côte est très accessible; les bâtimens peuvent partout venir à un tiers de lieue de terre, et même plus près en certains endroits; seulement, devant le cap, quelques rochers se montrent au dessus de l'eau, à peu de distance du rivage.

La partie où l'on mouille le plus commodément est à l'est-nord-est.

Le mouillage devant l'embouchure de l'*Aratch* est mauvais en hiver, à cause de la force du courant, et en été, à cause des exhalaisons de quelques parties marécageuses qui sont aux environs.

La tenue de la rade est bonne et même trop ferme. Le brick français *le Requin*, en 1808, a été obligé d'y laisser une ou deux de ses ancres, quoiqu'on ait tenté pour les retirer tous les moyens usités en pareil cas.

Cette rade est ouverte à presque tous les vents; ceux de l'est et du nord y donnent en plein; ceux du sud s'y font fortement sentir dans les ouragans, témoin le coup de vent du 15 juin, qui fit dérader *le Requin* mouillé sur quatre ancres. Seulement ces vents ont cela de moins dangereux, qu'ils jettent les bâtimens en pleine mer, tandis que ceux du nord les portent à la côte.

On est abrité des vents d'ouest par les hauteurs d'Alger.

Cette rade n'est bonne que dans la belle saison, et même alors elle n'est pas toujours sûre.

Le port ou la darce n'a que 15, 18 et 20 pieds d'eau. Les frégates y mouillent; il y fait le plus grand calme. En rangeant les bâtimens d'une manière symétrique, il pourrait y entrer quelques frégates et 20 ou 30 bricks.

Les rentrans, à gauche de La Marine, offrent aussi des abris assez sûrs, mais on ne peut en profiter qu'en étant maître d'Alger.

Les autres rades, ports et mouillages que présentent les côtes de la régence d'Alger sont les suivans :

Sidi-el-Ferruch ou *Turetta-Chica*. Les vaisseaux se retirent quelquefois dans la petite baie à l'ouest de ce cap, pour se mettre à l'abri des vents d'est.

Cherchel ou *Sersel* n'offre un asile qu'aux petits bâtimens.

Tenez. Mauvais mouillage au cap de ce nom; ne peut servir que pour les petits bâtimens.

Moustagan ou *Mustaganin*. Anse dans laquelle mouillent des frégates.

Arzeo. Très bonne rade; à portée de fusil de terre, 5 à 6 brasses d'eau; à 10 brasses, bonne tenue; à 20 brasses, c'est-à-dire à portée de canon de 18, tenue un peu molle.

Oran. Mauvais mouillage, qui ne peut recevoir que les petits bâtimens. Il y a plusieurs pointes de rochers.

A l'est du cap *Faucan* est la baie où les Espagnols débarquèrent en 1732, lors de leur expédition contre Oran.

Mazalquivir ou *Mers-el-Kebir*. C'est proprement le port d'Oran, d'où l'on expédie les marchandises sur de petits bateaux, ou par terre sur des chameaux. Il y a trois lieues d'un port à l'autre.

Ce port est excellent, praticable à toute espèce de bâtimens, et préférable même à celui d'Arzeo. Il y a 5 à 6 brasses d'eau tout contre terre. Les plus gros bâtimens chargent sur le quai même; il peut contenir 50 vaisseaux de ligne. Il y a un fanal, plusieurs magasins, et une vingtaine de maisons.

Ile d'*Acra*, à l'embouchure de la Tafna et à 17 lieues S. O. d'Oran; port pour les gros bâtimens.

Baie de *Teddert*, où les vaisseaux sont à couvert du vent d'est.

Teddeles ou *Tedelis*. Très mauvais mouillage.

Bougie ou *Boudjeiah*. Très beau et grand golfe pouvant recevoir toute espèce de bâtimens sous la protection des forts et batteries. On y entre par les vents est-nord-est-nord : on y est parfaitement à couvert. Le fond de la rade est tellement vaseux qu'il faut changer de place tous les jours, autrement l'ancre s'enfoncerait au point qu'on ne pourrait la retirer.

Avant d'y arriver, il y a un rocher percé, par où les *sandales*, navires du Levant, passent à toutes voiles.

Gigeri. Port pour les petits bâtimens seulement.

Coll ou *Cull*. Les petits bâtimens y sont à l'abri des vents de N.-O.

Golfe de *Stora*. Praticable aux bâtimens de guerre,

particulièrement aux frégates. Il faut se tenir à une bonne portée de canon de terre. On y entre par bordées avec les vents du nord, du nord-ouest et de l'ouest: on y est à couvert de ceux du nord-est, de l'est, du sud, et du sud-ouest.

Bona ou *Bone*. Le golfe est praticable aux plus gros bâtimens: en été, ils se placent au port du Puits, et en hiver, à celui des Génois. Bonne rade sous la protection du canon. Il y a mouillé des bâtimens portugais de 70 canons.

On entre dans ce port par les vents ouest-nord-ouest; il est abrité contre ceux est-nord-est et sud-ouest.

Les bâtimens marchands peuvent mouiller dans la rivière.

Le Bastion de France, à 3 lieues à l'ouest de la Calle, n'existe plus; malsain.

La Calle. N'offre d'abri qu'aux petits bâtimens.

Les principales rades sont donc: Alger, Arzeo, Mazalquivir, Bone et Bougie.

On pourrait accidentellement mouiller aux autres points indiqués; mais ces rades ne sont généralement bonnes que pendant la belle saison.

Vents régnans.—Les vents viennent ordinairement de la mer, c'est-à-dire du N.-O. et du N.-E. Les vents d'est règnent communément à Alger depuis le mois de mai jusqu'en septembre, et pendant le reste de l'année soufflent les vents d'ouest. Quelquefois, surtout vers les équinoxes, s'élève un vent fort et impétueux qui vient du sud-ouest; il est appelé, par les anciens, *africus*, et, par les marins du pays, *la betch*. Les vents du sud, ordinairement chauds et violens, ne sont pas fréquens à Alger; ils soufflent quelquefois cinq ou six jours de suite en juillet et août, et rendent alors l'air extrêmement brûlant.

Marées.—La marée, suivant Boutin, est de nulle considération sur la côte septentrionale de l'Afrique. Dans le port d'Alger, l'eau monte quelquefois de 8 à 16 pouces; mais c'est plutôt l'effet du vent que celui d'une véritable marée.

CHAPITRE V.

BOTANIQUE.

Forêts; leur essence, les ressources qu'elles présentent.—Les montagnes voisines de la Méditerranée, plus fertiles que celles du Grand-Atlas, sont ombragées par d'épaisses forêts, particulièrement dans les parties qui regardent le nord. On y trouve en abondance le pin d'Alep, cinq espèces de chênes différentes, le lentisque, le térébinthe, le thia ou tuya, le sumac, le cyprès, l'olivier sauvage, le genévrier rouge, le myrte, l'arbousier, la bruyère, le ciste-ledon et le laurier-rose.

On donnera ici la description des espèces d'arbres qu'on présume devoir être les plus utiles, en faisant connaître leurs propriétés particulières et en indiquant les lieux où elles croissent avec le plus d'abondance.

Le *pin d'Alep* produit une grande quantité de résine; sa hauteur est communément de 7 à 10 mètres; le diamètre de son tronc de 3 décimètres. On le voit fréquemment dans les montagnes de l'Atlas et sur les collines incultes.

Le *chêne-liége* se trouve presque partout dans l'Atlas: son écorce, roulée en cylindre, sert à former des ruches pour les abeilles.

Le *chêne-faux-liége*, haut de 15 à 20 mètres, croît dans les environs de Trémecen.

Le *chêne blanc* se trouve dans l'Atlas.

Le *chêne à cochenille* est ainsi nommé parce qu'il donne abondamment une espèce de cochenille que les habitans négligent, mais que les marchands français achètent à grand prix pour teindre la laine en rouge. Il croît partout, sur les collines sablonneuses et incultes.

Le *chêne bellote*, ou à glands doux, croît dans les montagnes de l'Atlas voisines d'Alger, de Beline, de Mascara et de Trémecen ; sa hauteur varie de 7 à 10 mètres ; le diamètre de son tronc de 3 à 6 décimètres. Les habitans mangent ses glands qui sont très gros ; son bois, compact et dur, sert à divers ouvrages. C'est un arbre très précieux.

Le *lentisque*, haut de 4 à 5 mètres, se trouve fréquemment dans l'Atlas, vers les collines et dans les jardins ; son bois mis au feu répand une odeur aromatique ; on extrait de ses baies une huile légère et bonne à brûler.

Le *térébinthe* croît en abondance dans les terrains sablonneux et incultes du Grand-Atlas ; il y atteint une hauteur de 15 à 20 mètres ; le diamètre de son tronc a près d'un mètre. Il se trouve aussi, mais moins grand, au bas des montagnes voisines de Trémecen ; son fruit est acide et se mange broyé avec les dattes. Il produit un fluide résineux et aromatique qui ressemble au mastic oriental, et dont les Arabes font usage pour blanchir leurs dents.

Le *cyprès* croît sur l'Atlas et s'élève ordinairement à 20 mètres.

Deux espèces de palmier méritent d'être mentionnés ici.

Le *palmier-chamérops* croît partout ; mais il préfère cependant les collines incultes : il n'atteint guère plus de 3 mètres, à moins qu'il ne soit cultivé dans les jardins. On fait avec ses feuilles, macérées dans l'eau, des cordages et des paniers. Ses racines et la partie du tronc qui est recouverte par la terre, se mangent quand le sujet est jeune.

Le *palmier-dattier* croît abondamment dans toute la Barbarie.

Dans la partie septentrionale, ses fruits mûrissent à peine, et il est plutôt un arbre d'agrément dans les jardins et un ornement des maisons de campagne, qu'un objet d'utilité; mais il n'en est pas de même sur l'autre versant du Grand-Atlas, où le sol, desséché par l'ardeur du soleil et rarement arrosé par les pluies, fournit à peine un peu de maïs, d'orge et de millet: là, le dattier est pour les habitans une seconde Providence; il pourvoit en quelque sorte à toutes les besoins, supplée à toutes les autres productions. Sous ce climat brûlant, il produit les fruits les plus exquis. Il s'élève jusqu'à 20 et 30 mètres de hauteur, et acquiert un diamètre de 3 à 4 décimètres.

Il existe de superbes plantations de cet arbre dans la contrée appelée, d'après lui, Biled-ul-Djerid (pays des dattes), située près du Sahara, ainsi que dans le voisinage d'El-Hammah, de Tozzer, de Loudian, de Nestam, de Nefsam, etc., etc. On fait des cordages avec les filamens qui se trouvent aux côtés de la base des pétioles; avec les pétioles mêmes on confectionne des treillages; les feuilles, macérées dans l'eau, servent à fabriquer des paniers et des nattes; enfin, du tronc de l'arbre, on extrait une liqueur, appelée lait de palmier, qui est douce, agréable et bienfaisante, mais qu'il faut boire dans les vingt-quatre heures. Le bois des vieux palmiers est dur et solide; il est employé dans la construction des maisons: on le dit presque incorruptible.

Le palmier, dans sa plus grande vigueur, porte 2 à 300 livres de dattes.

Le *thuya articulé*, haut à l'ordinaire de 5 à 6 mètres, reste nain dans les lieux arides, mais prend une élévation assez grande dans un terrain favorable à la végétation. Un botaniste assure que, dans le royaume de Maroc, la résine appelée sandaraque coule de cet arbre. On le trouve sur l'Atlas et les collines incultes.

Le *myrte* croît naturellement dans les mêmes localités que le thuya; on le cultive dans les jardins; son fruit se mange et est rafraîchissant. Son écorce est d'un grand usage dans la tannerie.

L'*arbousier* est remarquable par la suavité de son fruit et par la ressemblance de ses baies rouges avec la fraise. Il croît dans l'Atlas.

Le *sumac épineux* acquiert une hauteur de 4 à 7 mètres; son fruit se mange et est d'un goût assez agréable, quoique acide; son écorce sert à teindre en rouge et est propre à tanner le cuir.

Le transport des bois exploités se fait par terre, au moyen des chameaux; cependant quelques rivières, telles que le Chelliff et le Ma-za-fran, sont flottables une partie de l'année, et pourraient être employées à cet usage.

Les meilleures cartes plaçant les sommets du Petit-Atlas, les plus voisins d'Alger, à douze ou quinze lieues de cette ville, on peut supposer que les bois qui croissent sur les flancs septentrionaux de ces montagnes n'en sont guère éloignés de plus de six à huit lieues.

Shaw prétend que les Algériens ont une grande quantité de matériaux pour construire des vaisseaux.

Marmol rapporte qu'au levant de Cherchel, ville située dans la province occidentale, à vingt lieues d'Alger, il existe une vaste forêt remplie de cèdres, de peupliers, de liéges et de lauriers-roses. « C'est là, dit-il, que l'on se procure tout le bois qu'on porte à Alger pour la construction des navires; mais il n'est permis à personne d'en couper sans l'autorisation du dey. »

Shaw et Marmol ne sont d'accord, à cet égard,

ni avec Shaler, ni avec les auteurs de l'*Histoire universelle*, traduite de l'anglais, et publiée en 1766. D'après ces deux dernières autorités, le pays produit peu de bois de construction, excepté celui qui vient du Biled-ul-Djerid ou de Bougie.

Si l'on en croit le consul anglais qui a écrit, en 1770, l'*Histoire de Barbarie*, on emploie à Alger quelques bois de construction venant de Bougie; mais la plus grande partie est apportée de l'étranger. Suivant Poiret, au contraire, on trouverait de grandes ressources en ce genre près de Collo.

Voici ce que dit le capitaine Boutin sur ce même sujet:

« Il y a assez peu de bois autour d'Alger; cependant
« à l'époque de la belle saison, les haies, les oliviers
« sauvages et les broussailles ou petits taillis des envi-
« rons, fournissent des ressources en ce genre. Il y a
« peu de bois pour les gabions et fascines. On assure
« que, dans les environs de Bougie, il y a des bois
« propres aux constructions navales, surtout pour les
« bordages : il y a aussi des sapins bons pour la
« mâture. On trouverait ailleurs de ces deux espèces
« de bois, notamment dans les cantons d'Oran et de
« Trémecen. »

Plantes cultivées pour la nourriture de l'homme et des animaux domestiques. — On ne connaît généralement, dans la régence d'Alger qu'une seule espèce d'orge. On y sème aussi du seigle et un froment dont le grain corné n'est point farineux, c'est le *triticum-durum*, dont l'épi est barbu et la tige pleine; il est appelé, par les Arabes, *jennah-nesser*, mais ces deux dernières céréales sont peu communes.

Les blés varient de qualité suivant la nature du terroir qui les produit. Ceux qui viennent de Tessailah et de Leidoure, surtout le *muouaany*, espèce de gros froment qui croît aux environs de Medea, sont les plus estimés.

Le blé se sème vers la mi-octobre; l'orge 15 jours ou 3 semaines après, et la moisson se fait à la fin de mai ou au commencement de juin. Si les pluies du printemps tombent vers le milieu d'avril, on compte la récolte pour assurée. Un boisseau de froment ou d'orge en rend ordinairement de 8 à 12.

Dans quelques districts où l'on a de l'eau suffisamment en été, comme près de Sikke et de Habrah, dans le Metidjiah, et près de la rivière de Hammah, au dessous de Constantine, on sème du riz, du blé de Turquie, et particulièrement une espèce de millet blanc que les Arabes nomment *drak*; ils le préfèrent à l'orge pour engraisser leurs bestiaux. Quant à l'avoine, les Arabes n'en cultivent jamais; ils nourrissent généralement leurs chevaux avec de l'orge.

Après avoir foulé et vanné le blé, les Algériens le serrent dans des *matamores* ou magasins souterrains, dont les plus petits peuvent contenir environ 400 boisseaux.

On récolte le tabac des champs, dans les terrains gras et humides; on le sème au commencement du printemps; sa hauteur est de 6 à 14 décimètres.

Les fèves, les lentilles et les garvançós, (espèce de pois chiches), sont les principaux légumes. On les plante dans la saison des pluies, c'est-à-dire, vers la fin d'octobre. Les fèves se récoltent à la fin de février ou au commencement de mars, et composent, pendant le printemps, la principale nourriture des différentes classes de la population : on les fait bouillir avec de l'huile et de l'ail. Après la récolte des fèves, vient celle des lentilles et des garvançós.

Un grand nombre de racines et d'herbages se succèdent pendant toute l'année. Les navets, les carottes et les choux sont bons et abondent dans les diverses saisons. On a des laitues, de la chicorée, du cresson, du cerfeuil, des épinards, toute sorte de betteraves et des artichauts, depuis le mois d'octobre jusqu'en juin. Le céleri et les choux-fleurs acquièrent une beauté remarquable dans ce climat. On les sème en juillet, mais on ne les cueille qu'au mois de février ou de mars suivant.

A la fin de juin commencent les melons musqués et les melons d'eau ; ces derniers sont d'un grand secours contre les chaleur de l'été. Les habitans attaqués de la fièvre trouvent dans ce fruit un soulagement à leur mal.

Quant aux arbres fruitiers, les états d'Alger possèdent presque tous ceux qui croissent en Europe.

Le fruit de l'amandier se cueille au commencement d'avril ; l'abricot ordinaire mûrit au mois de mai ; il donne souvent la fièvre et la dyssenterie, c'est pourquoi on le nomme *matza-francka*, ou boucher des chrétiens : le *sasbi*, qui en est une espèce, n'est pas réputé dangereux. On a, dans le mois de juin, la figue printanière, et deux ou trois sortes de cerises et de prunes, mais en petite quantité et de qualité médiocre.

En juillet et août viennent les mûres, les poires, les pommes, la figue-kermez, les pêches et les brugnons ; à ces fruits succèdent les grenades et une espèce de poire piquante nommée dans le pays *kermez-nassarah*, ou la figue des chrétiens. On a, dans toute la Barbarie, des noyers et des oliviers qui sont d'un grand rapport, une fois tous les deux ans. Dans quelques endroits, on trouve aussi des châtaignes, plus petites mais aussi bonnes que celles de France et d'Espagne.

Le citronnier est toute l'année couvert de fleurs et de fruits ; mais l'oranger doux, qui est étranger au pays, ne porte que vers la fin de l'automne.

Le raisin mûrit sur la fin de juillet, et on le vendange en septembre ; le vin d'Alger, avant le ravage que firent les sauterelles en 1723 et 1724, était aussi bon que le meilleur *hermitage*; il a beaucoup dégénéré depuis cette époque; cependant, on le dit encore fort agréable à boire.

CHAPITRE VI.

ZOOLOGIE.

Les *chevaux*, qui faisaient anciennement la gloire des guerriers numides, et les rendaient particulièrement redoutables, ont beaucoup dégénéré; ou plutôt, les Arabes ont négligé la conservation des belles races.

Les qualités principales des chevaux de la Barbarie consistent à ne s'abattre jamais, et à se tenir tranquilles lorsque le cavalier met pied à terre, ou laisse tomber la bride; ils ont aussi le pas fort alongé et font régulièrement à cette allure une lieue et un quart par heure. Ils s'arrêtent tout court, lorsqu'on le veut, au milieu de la course la plus rapide. Le trot et l'amble sont deux allures inconnues dans ce pays.

Les chevaux barbes ont l'encolure alongée, fine, peu chargée de crin et bien sortie du garrot; la tête belle, petite et assez ordinairement moutonnée; l'oreille belle et bien placée; les épaules légères et plates; le garrot menu et bien enlevé, les reins courts et droits, le flanc et les côtes ronds, sans trop de ventre, les hanches bien effacées, la croupe un peu longue, la queue placée un peu haut, la cuisse bien formée et rarement plate, les jambes bien faites et sans poil, le nerf bien détaché, le pied bien fait, mais souvent le paturon long. Il y en a de tous poils; mais le gris est la couleur la plus commune. Ils ont un peu de négligence dans leur allure, et ont besoin d'être stimulés. On leur trouve beaucoup de vitesse et de nerf; ils sont légers et propres à la course. Ils paraissent très bons pour en tirer race; seulement il serait à désirer qu'ils fussent de plus haute taille : les plus grands ont 4 pieds 8 pouces. Les plus beaux chevaux viennent des environs de Sittif-Caser-Aceyte. Il serait facile de se procurer dans le pays plusieurs milliers de chevaux propres à la cavalerie légère : on assure qu'ils ne coûteraient pas, prix moyen, plus de 25 à 30 francs.

L'*âne* et le *mulet* sont, de tous les animaux de la Barbarie, les plus endurcis à la fatigue, et ils ne demandent pas la moitié autant de soins que le cheval. On ne se sert pas beaucoup d'ânes pour monture. Le mulet, fort estimé, est rare et plus cher que le cheval; on a reconnu qu'il marche plus sûrement et qu'il porte des fardeaux plus lourds. On a dans ce pays une espèce de mulet nommé *kumrah*, qui vient d'un âne et d'une vache; c'est une bête de charge, petite à la vérité, mais d'un fort grand usage. Ces animaux ont la corne du pied semblable à celle de l'âne; mais la peau plus lisse, la tête et la queue de la vache; seulement ils ne portent pas de cornes.

Le *chameau* l'emporte sur tous les animaux par son aptitude à supporter le travail et la fatigue, et par son extrême sobriété; il peut se passer de boire pendant quatre ou cinq jours de marche, et une petite portion de fèves et d'orge, ou quelques morceaux de pâte faite avec de la farine, lui suffisent pour sa nourriture. Il n'est pas rare de voir un chameau portant sept quintaux, faire des traites de dix et quelquefois de quinze heures par jour, à raison d'une lieue par heure. Les Arabes s'appliquent particulièrement à multiplier le nombre de ces animaux, qui, au dire de quelques voyageurs, coûtent communément de 15 à 20 francs. On les emploie aux transports de toute nature.

L'espèce de chameau qu'on nomme en Europe *dromadaire*, s'appelle ici *machary;* elle n'est pas si commune en Barbarie que dans le Levant. Cet animal est surtout remarquable par sa grande vitesse ; les Arabes disent qu'il peut faire autant de chemin dans un jour qu'un de leurs meilleurs chevaux en trois ou quatre. Il diffère du chameau ordinaire en ce qu'il a le corps plus rond et mieux fait, et en ce qu'il n'a qu'une petite bosse sur le dos. Il ne sert jamais comme bête de somme.

Les *bœufs* et les *vaches* abondent en Barbarie et sont généralement de petite stature ; les plus gros, bien engraissés, pèsent rarement de cinq cents à six cents livres. On en envoie beaucoup à Malte, Carthagène, Mahon, etc.

Les vaches n'ont que peu de lait, à proportion de leur taille ; et quoique le pays offre d'excellens pâturages, depuis le mois de décembre jusqu'au mois de juillet, le meilleur beurre n'approche pas même de celui qu'on fait en France pendant l'hiver.

C'est principalement avec le lait des *brebis* et des *chèvres* que l'on fait le fromage.

Les chèvres de Barbarie ressemblent à celles des autres pays ; mais il y a deux espèces de brebis qui sont inconnues en Europe : l'une de ces espèces, commune dans le royaume de Tunis, est remarquable par sa grosse queue ; elle est principalement estimée par la qualité de sa laine. L'autre espèce, qu'on rencontre dans quelques parties du Sahara, est presque aussi haute que le daim d'Europe ; la chair en est sèche et la laine grossière.

Les Arabes élèvent des troupeaux fort nombreux de chaque espèce de bétail.

Il y a parmi eux des tribus qui peuvent mettre en campagne 300 ou 400 chevaux, qui possèdent 5000 chameaux, et trois fois plus encore de brebis et de bœufs. Ils tuent rarement leur bétail, et se nourrissent principalement de lait et de beurre, ou de ce qu'on leur donne en échange de leur laine ; de sorte que si les Arabes avaient soin, au moins dans la mauvaise saison, de garantir leur bétail contre les injures de l'air, ils auraient en peu d'années des troupeaux innombrables.

Nous croyons devoir parler ici d'un phénomène qui par sa nature se rattache aux considérations zoologiques ; il s'agit de l'apparition de ces nuées de *sauterelles* qui causent dans les campagnes des ravages extraordinaires. Il y eut des passages de ces insectes destructeurs en 1723 et 1794 : le premier fut prodigieux ; il fit nuit pour ainsi dire pendant 24 heures. La verdure des prés, les feuilles des arbres et des haies, les légumes et les jeunes plantes, tout fut dévoré dans un instant ; les habitans mêmes ne savaient où se réfugier. Le passage de 1723 offre cela de remarquable que, depuis lors, à ce que l'on prétend dans le pays, le vin a beaucoup perdu de sa qualité.

CHAPITRE VII.
L'HOMME.

Les habitans de la régence d'Alger, comme ceux de tous les états barbaresques, se divisent en trois classes principales qui ont chacune leur physionomie particulière, leurs qualités physiques et morales dominantes : ce sont les Maures, les Arabes et les Berbères ou Kabaïles.

Stature des habitans ; leur physionomie, leur force.— Les *Maures* habitent les villes et les plaines cultivées, et composent plus de la moitié de la population. Leur extérieur semble prouver qu'ils descendent d'un mélange d'anciens Mauritaniens et Numides avec les Phéniciens, les Romains et les Arabes. Ils ont la peau plus blanche, le visage plus plein, le nez moins saillant, et tous les traits de la physionomie moins prononcés que les Arabes. On dépeint les Maures comme avares et débauchés, sanguinaires et lâches, avides et paresseux, vindicatifs et rampans. Ils préfèrent le luxe des habits à la bonne chère : les exercices à cheval sont, avec le tir des armes à feu, leurs passe-temps favoris. Les femmes maures sont généralement belles.

Les *Arabes*, venus d'Asie, conservent leur physionomie mâle, leurs yeux vifs, leur teint presque olivâtre ; ils sont d'une taille moyenne et assez bien prise. Une partie d'entre eux s'adonne à la culture des terres, et occupe des demeures fixes. Les autres vivent sous des tentes et errent avec leurs troupeaux ; ils se nomment *Arabes bédouins* ou indépendans. Fainéans et incapables de se livrer à aucun travail, les Arabes passent toute leur vie à fumer et à jouir des plaisirs de la campagne. Une extrême sobriété, un mélange de ruse et de cordialité, un besoin impérieux de liberté et d'indépendance, une hospitalité qui ne se dément jamais ; tels sont les traits auxquels on peut facilement les reconnaître. Ce qu'ils aiment le mieux au monde, c'est leur cheval ; aussi sont-ils excellens cavaliers. Gouvernés par des chéikhs, ils paient rarement, sans y être contraints, le tribut qui leur est imposé par la régence.

Les *Berbères* ou *Kabaïles* forment une race distincte des deux précédentes, et qui paraît indigène de l'Afrique septentrionale. Elle comprend vraisemblablement les restes des anciens Gétules et des Lybiens. Les Berbères ont un idiôme particulier qui se nomme choviah, chillah ou berber, et qui est répandu depuis l'Atlas jusque dans l'oasis de Syouah. Ils ont le teint rouge et noirâtre, la taille haute et svelte, le corps grêle et maigre. Ils sont, comme les Arabes, divisés en petites tribus gouvernées par des chéikhs ; une partie de ces tribus est répandue dans les montagnes de l'Atlas, l'autre dans le désert. Les Kabaïles sont courageux et infatigables ; ils combattent à pied, sans chefs et sans ordre : on peut les comparer aux guérillas espagnoles. Ce peuple incorruptible se distingue par son fanatisme.

Outre ces trois nations, la régence d'Alger renferme un assez grand nombre de Turcs et de Juifs. On donne le nom de Kolouglis ou Coloulis aux habitans qui proviennent du mélange des Turcs avec les femmes maures.

Maladies régnantes. — La vie sobre et réglée des Algériens, la douceur du climat sous lequel ils vivent, les rendent exempts d'un grand nombre de maladies : aussi en voit-on fort peu régner dans ce pays. Cependant, du côté de Bège, le long de la rivière de Medjerda et sur la côte, presque tous les ans, dans les mois de juillet et d'août, il apparaît des pleurésies, des fièvres tierces, quartes et quelquefois malignes : on en attribue la cause aux eaux des rivières. Les habitans s'abstiennent d'en boire, et ne se servent que d'eau de puits ou de citerne. Ils sont, aussi, souvent affligés de hernies, du scorbut, de la gale, de dartres et de plusieurs autres maladies cutanées qu'engendre la malpropreté.

La peste exerce quelquefois ses ravages dans ce pays, et elle y est aussi meurtrière qu'en Europe. Les Maures regardent cette maladie comme un effet de la volonté de Dieu : résignés à cette volonté, ils en attendent avec insouciance les résultats, et sans s'abstenir de communiquer avec les malades. Cependant leur fanatisme ne va pas jusqu'à s'interdire toute espèce de précautions contre la peste du dehors. Depuis que les chrétiens leur ont persuadé qu'elle est contagieuse, et qu'on peut s'en garantir en évitant toute communication avec ceux qui en sont atteints, ils ne veulent plus accorder l'entrée de leurs ports à aucun bâtiment venant d'un endroit soupçonné.

Fécondité. — Les femmes maures sont fécondes dès l'âge de 11 ans et cessent de l'être à 30 ans. Différentes causes s'opposent à l'accroissement de la population dans les états de la régence : on peut citer entre autres les avortemens nombreux auxquels les femmes ont recours pour ne pas avoir un trop grand nombre d'enfans; les ravages de la peste, et le défaut de remèdes dans un grand nombre de maladies.

Vie moyenne.—La durée de la vie moyenne est à peu près la même qu'en Europe.

Hygiène.—Nous croyons devoir placer ici quelques principes d'hygiène tirés en grande partie des excellens Mémoires du docteur Larrey.

Tout ce qui interrompt ou répercute la transpiration occasione, en Afrique, des maladies inflammatoires, notamment des dyssenteries et des ophthalmies; c'est pourquoi les habitans du pays sont toujours chaudement vêtus, et portent même des pelisses fourrées malgré la chaleur habituelle du climat.

Il est donc essentiel de se bien couvrir pendant la nuit, et surtout se garantir soigneusement la tête et les yeux : les personnes qui, après le coucher du soleil, demeurent à l'air sans vêtemens, ou qui même le jour restent habituellement en chemise ou peu couvertes, s'exposent à diverses maladies. Les douleurs rhumatismales et l'inflammation des yeux n'ont presque jamais d'autres causes. Cette dernière affection, sans présenter toujours du danger, est souvent douloureuse et fort incommode. Les moindres accidens qui puissent résulter de l'oubli de cette attention, sont des fièvres éphémères qui ne se terminent en général que lorsque l'équilibre a été rétabli par le retour de la transpiration.

On ne saurait trop recommander de ne pas rester long-temps la tête nue au soleil, et d'éviter d'avaler, lorsqu'on a chaud, une quantité d'eau trop considérable. Avant de boire, il est prudent de se rincer la bouche, de s'humecter les mains, et, s'il se peut, de les tremper dans l'eau; on doit aussi faire un fréquent usage des acides. L'eau légèrement acidulée par le citron ou le vinaigre, teinte d'un peu de vin ou mélangée de quelques gouttes d'eau-de-vie, prévient un grand nombre d'indispositions; cette précaution est nécessaire, surtout lorsque les eaux sont d'une mauvaise qualité.

Il est utile de se laver fréquemment les pieds, les mains et le visage; mais préférablement avec de l'eau tiède, dans laquelle on met quelques gouttes de vinaigre ou d'eau-de-vie.

Les bains sont un des meilleurs moyens d'entretenir la santé et de se préserver des maladies inflammatoires; cependant, pris inconsidérément, ils peuvent devenir la source de beaucoup de maux. Ils sont dangereux et même mortels au moment de la fatigue et de la chaleur, et nuisibles pendant la digestion. On doit éviter de se baigner avant le lever du soleil, et long-temps après son coucher. Il ne faut jamais se plonger dans une eau stagnante, mais choisir une eau douce courante, bien exposée à l'air et peu profonde; l'eau de mer n'offre aucun inconvénient. L'heure la plus convenable pour se baigner est celle qui précède le repas du soir.

Les brouillards qui s'élèvent vers la fin du jour, et qui existent encore la nuit et le matin sur les terrains marécageux et dans leurs environs, peuvent devenir pernicieux; il faut donc s'en éloigner, et se soustraire à leur action autant que possible.

En général, le régime végétal est convenable dans dans les pays chauds, à cause de la faiblesse des organes digestifs. L'on corrige ainsi l'exhubérance des humeurs et l'on diminue la trop grande excitabilité. La délibitatation semble donc nécessaire pour s'acclimater; cependant il ne faut pas la déterminer par des saignées.

L'usage modéré des boissons spiritueuses n'a rien que de très salutaire, mais les excès en ce genre offrent de grands dangers. Les hommes intempérans sont les plus sujets à la peste, et y succombent presque toujours.

L'usage du café est sans danger.

On regarde les frictions extérieures d'huile comme un préservatif de la peste; on a prétendu aussi que l'usage intérieur de ce liquide était un curatif, mais le premier moyen est préféré.

Nous croyons devoir rapporter à ce sujet le paragraphe suivant, extrait d'un ordre du jour de l'armée d'Orient, en date du 21 mars 1799 : « Cette maladie qui
« effraie mal à propos beaucoup de monde (disaient
« les officiers de santé en chef), demande que l'on réta-
« blisse la transpiration. On y parvient par des ablu-
« tions ou lavages, par l'administration d'un vomitif,
« surtout quand il y a disposition à vomir, et en sou-
« tenant tout de suite les moiteurs et les forces par une
« boisson composée de café et de quinquina, aromatisée
« avec le citron ou le limon. L'engorgement des glandes
« exige dans le principe des cataplasmes émolliens, et,
« quand le sujet est faible, on doit promptement ouvrir
« les tumeurs par l'application d'un ou plusieurs bou-
« tons de feu. L'expérience a montré l'efficacité de ce
« traitement. L'expérience a aussi prouvé par un nom-
« bre de faits bien observés, que la maladie n'est pas
« contagieuse ; cependant il convient de rejeter les vê-
« temens et le linge des Turcs, gens malpropres, sou-
« vent malades, et qui ne prennent aucun soin raisonné
« de leur santé. »

Les bassins d'eau douce et bourbeuse du rivage africain sont quelquefois remplis de petits insectes parmi lesquels il existe une espèce de sangsue noirâtre de quelques millimètres seulement de longueur. Quoique cet insecte dans son état naturel ne soit guère plus gros qu'un crin de cheval, il est susceptible d'acquérir le volume d'une sangsue ordinaire quand il est gorgé de sang.

Lorsque, poussé par la soif, on se jette à plat ventre au bord de ces mares d'eau pour s'abreuver, on risque d'aspirer avec l'eau quelques unes de ces sangsues, et l'on ne tarde pas en ce cas à ressentir leurs atteintes. Le mal s'annonce par un picotement douloureux vers l'arrière-bouche, une toux fréquente, suivie de crachats glaireux légèrement teints de sang, et des envies de vomir. A cette irritation des parties sensibles de la gorge, succède bientôt leur engorgement et de fréquentes hémorragies. La déglutition devient difficile, la respiration laborieuse, et les secousses produites par la toux sur les poumons et le diaphragme causent au malade de vives douleurs dans toute la poitrine. La toux augmente en raison des attouchemens répétés de la sangsue avec l'extrémité de sa queue sur l'épiglotte ou sur les bords de la glotte. Le sang qui se porte sur cette ouverture produit le même effet. Le malade maigrit à vue d'œil, il perd l'appétit et le sommeil ; il est inquiet, agité, et il périrait si on ne lui administrait à temps les secours nécessaires. Les gargarismes de vinaigre et d'eau salée suffisent pour faire détacher les sangsues qui se sont arrêtées dans l'arrière-bouche. Quelquefois ces insectes se glissent dans les fosses nasales, quelques uns même dans l'œsophage et l'estomac. Dans le premier cas, on en débarrasse le patient à l'aide de la pince à polype, de fumigations de tabac, et d'ognons de scilles, ou des injections d'eau salée ; dans le second, on les expulse par un breuvage composé de vinaigre affaibli avec un peu d'eau et légèrement nitré. La seule action de l'estomac suffit quelquefois pour faire rejeter les sangsues.

Les Français qui s'emparèrent de Port-Mahon, en 1757, éprouvèrent des accidens de ce genre.

Lorsque les circonstances forcent les voyageurs ou les troupes qui traversent les déserts, à boire des eaux où l'on pourrait soupçonner la présence de l'espèce de sangsues dont nous venons de parler, il faut passer le liquide à travers un linge épais, et y mettre, s'il était possible, quelques gouttes d'un acide quelconque.

Nous conseillons à ceux qui voyagent en Afrique de porter avec eux une outre, une tasse en cuir bouilli, et un flacon d'alcool nitrique ou acétique.

Le docteur Lind a remarqué que le quinquina a dans ce climat des effets extrêmement salutaires. Un gros, pris matin et soir, dans un véhicule quelconque, est selon lui un très bon remède contre les indigestions fréquentes, la dyssenterie et la contagion. Parmi les bons préservatifs, on cite le quinquina infusé dans l'eau-de-vie avec des substances aromatiques, telles que la canelle, la racine de gingembre, les baies de genièvre, l'écorce de citron et d'orange. L'on peut encore faire usage d'une liqueur composée de bière, de miel ou de sucre, et d'un peu de vinaigre aromatisé. La limonade mitigée par un peu de rhum ou d'eau-de-vie est aussi une boisson excellente, qui désaltère sans provoquer les sueurs.

Il est nécessaire de s'abstenir de manger des fruits acides; ils dérangeraient les fonctions de l'estomac déjà languissantes, et feraient naître des fièvres rémittentes.

Si les troupes ont des tentes, ce qui est presque indispensable dans un pays où l'on sait que l'ophthalmie a pour cause le refroidissement produit par la rosée, on aura soin de les placer sur un terrain sec, et de manière que leur ouverture regarde la mer. En les tournant ainsi, on respirera un air plus pur que celui qui, venant de l'intérieur des terres, peut entraîner avec lui des émanations malfaisantes. Les soldats éviteront autant qu'ils le pourront de coucher immédiatement sur le sol; c'est une des principales causes de la dyssenterie qui règne quelquefois dans les armées qui font la guerre en Afrique. Ils auront soin également de ne pas sortir nu-pieds pendant la nuit.

Sous un climat chaud, il est nécessaire de soutenir le ton des organes et d'arrêter les sueurs abondantes qui épuisent les forces et rendent un refroidissement très dangereux. Sous ce rapport, la chemise de laine offre de grands avantages; elle préserve de la fraîcheur de la nuit et du matin; mais elle irrite quelquefois le genre nerveux, et elle a l'inconvénient d'entretenir la vermine et de communiquer rapidement la contagion. Cependant on peut recommander l'usage des gilets de flanelle à ceux qui ont le moyen d'en acheter et de les entretenir propres.

La paille qui forme le coucher des soldats doit être renouvelée et brûlée tous les quinze jours. Si l'on néglige cette précaution, et si l'on garde cette paille pour faire de la litière, elle devient un foyer de corruption qui communique le typhus aux hommes et aux bestiaux. L'épizootie et l'espèce d'épidémie qui ont ravagé la France en 1814 et 1815, n'avaient pas d'autres causes. Le fumier doit être enlevé chaque jour; si les moyens de transports manquent, on s'en débarrassera en le brûlant.

Il est nécessaire d'abandonner un camp dès que le typhus ou la dyssenterie s'y manifestent; dans le cas où l'on ne pourrait établir les troupes autre part, il faudrait redoubler de soins pour entretenir parmi elles la plus grande propreté.

L'on recommande de faire enfouir profondément les corps morts, ainsi que les débris de la boucherie, et, s'il est possible, de les couvrir de chaux.

Les chirurgiens et les garde-malades feront bien de mettre par dessus leurs habits un fourreau de toile cirée : ils devront respirer la vapeur d'une dissolution de chlorure de chaux dans de l'eau, s'en mouiller les mains, le visage; en répandre sur le sol, et boire un peu de vin aromatisé avec le quinquina, l'énula campana, etc.

Toutes les substances anti-scorbutiques et anti-phlogistiques sont favorables. Le poisson frais et les coquillages sont une nourriture fort saine.

Nous croyons devoir ajouter ici quelques conseils relatifs au mal de mer qui affecte plus particulièrement les tempéramens mous et sensibles.

Si les nausées et les vomissemens durent peu de

temps, ils sont plutôt salutaires que nuisibles; ils fortifient les entrailles et facilitent la circulation dans les vaisseaux du bas-ventre. Si au bout de huit jours l'indisposition devient plus grave, il y a lieu de présumer que la mer occasionnera des accidens fâcheux. On préviendra et calmera le mal avec des anti-spasmodiques. On obtient de bons effets du safran en en faisant usage intérieurement ou en l'appliquant sur le creux de l'estomac. Le grand air, l'exercice, la dissipation, l'odeur du vinaigre, les mastications âcres, telles que le tabac, la pyrèthre, le poivre, le piment, etc., produisent de bons effets.

La constipation, qui paraît dépendre plutôt des balancemens du vaisseau que de tout autre cause, cède à l'eau de la mer qui est un très bon laxatif.

En rapportant aux troupes les considérations d'hygiène contenues dans ce chapitre, on voit qu'il est nécessaire, comme l'ont recommandé les officiers de santé de l'armée d'Espagne en 1823;

1° De faire porter au soldat un pantalon de drap en tout temps.

2° D'exiger qu'il ne se déshabille pas en arrivant le soir au gîte ou au bivouac.

3° D'ordonner qu'il soit en capote toutes les fois qu'il y aura de la fraîcheur dans l'air et qu'il ne sera point en marche ou occupé.

4° De placer les bivouacs et les camps sur des terrains un peu élevés, inclinés, et à l'abri des vents régnans.

5° De multiplier les feux par le mauvais temps.

6° De faire, dans les mêmes circonstances, une distribution extraordinaire de vin ou d'eau-de-vie.

7° Lorsqu'il fera très chaud, de marcher autant que possible le matin ou dans le courant de la soirée, et de laisser les troupes se reposer, pendant la forte chaleur, dans des lieux abrités.

8° Dans le cas où le soldat serait en pantalon de toile, de lui faire porter par dessous une ceinture, en drap commun ou en quelque autre étoffe de laine, qui enveloppe le bas-ventre.

9° De faire des haltes fréquentes, en choisissant de préférence pour cela les lieux voisins des eaux salubres, et en ayant soin de ne laisser boire le soldat qu'après quelques minutes de repos.

10° De veiller à ce qu'on ne se livre point à l'usage immodéré des fruits.

A la suite de ces indications, on ne saurait trop recommander l'usage de l'eau-de-vie mêlée avec de l'eau; cette boisson est préférable au mélange du vinaigre et de l'eau, qui n'est pas assez tonique.

DEUXIÈME PARTIE.

STATISTIQUE SPÉCIALE.

CHAPITRE VIII.

ORIGINE ET ÉTAT ACTUEL DE LA POPULATION.

Population totale.

Le Journal des sciences militaires évalue la population de la régence d'Alger à 18 ou 19 cent mille ames, savoir :

Maures et Arabes (cultivateurs et ouvriers)...	1,200,000
Arabes indépendans.....................	400,000
Berbères ou Kabaïles.....................	200,000
Juifs.......................................	30,000
Turcs et renégats........................	20,000
Kolouglis.................................	20,000
Total...........	1,870,000

Ce nombre d'habitans paraît très exagéré, en le comparant à la population des villes les plus considérables et de leur banlieue, que le Mémoire de Boutin fixe ainsi qu'il suit ;

Répartition de la population sur le territoire.

Alger.	Turcs.....................	8,000	
	Nègres....................	3,500	
	Juifs......................	10,000	
	Maures algériens.........	45,000	73,000
	Kabaïles.................	4,000	
	Arabes campagnards....	1,500	
	Mozabis..................	1,000	

Oran	10,000
Moustagan...	4,000
Arzeo...	
Mascara..	2,000
Touount..	1,500
Callah..	1,500
Titteri..	8,000
Constantine...	20,000
Blida	15,000
Coleah	3,500
Trémecen	15,000
Bone	4,000
Collo..	3,000
Stora...	2,000
Gigeri	3,000
Bougie...	3,500
Tedelis...	1,500
Cherchel...	2,000
Total.........	172,500

Si la population des principaux lieux habités de la régence n'était en 1808 que de 172,500 ames, il n'est guère probable que le nombre total des habitans s'élève à 1,870,000.

L'Américain Shaler, dans son ouvrage publié en

1826, évalue la population des états d'Alger à environ un million d'âmes : l'opinion de cet auteur, à ce sujet, nous paraît être celle qui doit se rapprocher le plus de la vérité.

Les limites du territoire de la régence du côté du sud étant indéterminées, et la plus grande partie de la population se trouvant répartie sur les bords de la Méditerranée, dans une étendue de près de 200 lieues, il serait impossible d'évaluer, comme on le voit, le nombre d'habitans par myriamètre carré.

Description des principaux lieux habités. — La ville d'*Alger*[1], située sur la côte septentrionale de l'Afrique, par 36° 48′ 30″ de latitude nord, et par 0° 44′ 40″ de longitude est du méridien de Paris[2], est la capitale de la régence, et la résidence du dey. Elle est bâtie en amphithéâtre sur le penchant nord-nord-est d'une colline qui s'étend jusqu'à la mer : son périmètre est d'environ une demi-lieue. Les rues ont, en général, une espèce de trottoir de chaque côté, elles sont fort étroites, excepté celle qui va du faubourg Bab-Azoun à celui de Bab-al-Oued, qui est un peu plus large, et où se tiennent les marchés.

Les maisons, construites en pierres et en grosses briques carrées, sont blanchies avec de la chaux ; la plupart n'ont qu'un étage qui, du côté de la rue, a une partie saillante soutenue par des arcs-boutans en bois. Beaucoup de maisons sont étayées entre elles, pour se préserver des tremblemens de terre qui sont assez fréquens.

Chaque habitation a une citerne destinée à recueillir l'eau des pluies ; il y a, en outre, dans Alger, plusieurs fontaines, dont les eaux viennent, par des aqueducs, de

---

[1] En arabe El-Djèzair (*l'Ile.*) On ajoute quelquefois à ce nom, dans le pays, l'épithète *la Guerrière*.

[2] Cette position est déduite des observations les plus récentes.

la colline sur laquelle est assis le château de l'Empereur. La ville est divisée en plusieurs quartiers, séparés par des grilles en fer, que l'on ferme après la prière du soir ; la garde de ces grilles est confiée à des *biscaris* qui les ouvrent aux personnes qui ont besoin de passer, en se conformant toutefois aux ordonnances de police qui ordonnent d'avoir de la lumière pendant la nuit.

On compte à Alger 10 grandes mosquées et 50 autres moins considérables ; 3 grands colléges ou écoles publiques, et une grande quantité de petits établissemens pour l'instruction de l'enfance ; 5 bagnes pour les esclaves du gouvernement ; 5 casernes ou *casseries,* où sont logés les miliciens qui ne sont pas mariés [1] ; 4 grandes auberges ou *fonduks,* où vont loger tous les marchands turcs, qui y trouvent aussi des magasins pour leurs marchandises.

Les Juifs et les esclaves du gouvernement tiennent des espèces de cabarets pour tous ceux qui ne sont pas turcs, et qui ne peuvent loger, ni chez des personnes de leur connaissance, ni chez les consuls de leur nation. Il y a aussi beaucoup de bains publics.

Cette ville, entourée de murailles flanquées de tours, et défendue par plusieurs forts, dont on trouvera la description au chapitre XX, a cinq portes qui sont ouvertes depuis le lever du soleil jusqu'à son coucher : on voit, à celle de La Marine, des cloches prises à Oran, en 1708, lorsque les Turcs en chassèrent les Espagnols. Au sud de la porte de la Marine, se trouve celle de la Pêcherie, à côté de laquelle est le chantier de construction ; au sud de cette dernière est la porte de Bab-Azoun, où se font les exécutions ; au sud-ouest de la ville, la Porte-Neuve qui conduit au château de l'Em-

---

[1] Chaque caserne peut contenir environ 600 soldats.

pereur; et au nord, celle de Bab-al-Oued, où sont mis à mort les juifs et les chrétiens.

Alger, à bien dire, n'a pas de faubourgs; on ne peut guère donner ce nom à quelques maisons construites en dehors des portes Bab-Azoun et Bab-al-Oued; mais les environs sont couverts d'habitations, qui la plupart ont des jardins bien plantés de citronniers, d'orangers et d'autres arbres à fruits; tous ces jardins sont entourés de haies d'aloès.

Après Alger, la ville la plus considérable du royaume est *Constantine*, qui fut fondée par les Numides, sous le nom de Cirta. Une fille du grand Constantin l'ayant fait rebâtir avec une magnificence dont on retrouve encore des traces, lui donna son nom. L'empereur Caligula en fit la capitale de la Mauritanie césarienne. Elle est aujourd'hui la résidence du bey du Levant, qui y entretient une garde de 300 Spahis et de 1,500 Maures. La ville de Constantine est située par 36° 24' de latitude nord, et 3° 48' de longitude est, à 80 lieues à l'est d'Alger, et à 15 de la Méditerranée.

Assise sur le sommet d'une colline, baignée presque de tous côtés par le Ouad-el-Kebir (l'Ampsagas des anciens), cette ville est entourée de murailles en mauvais état. On y entre par quatre portes construites en pierres rougeâtres, presque aussi fines que le marbre, et revêtues de sculptures remarquables. Les rues sont étroites et malpropres, les maisons basses et sans fenêtres. Dans la partie supérieure de la ville, le Ouad-el-Kebir sort d'un souterrain et forme une grande cascade : ce point, élevé de 600 pieds au dessus de la plaine, est l'endroit d'où l'on précipite les criminels.

Près de Constantine, et dans son ressort, sur la côte de la Méditerranée, sont les ruines de la ville de *Collo*, bâtie par les Romains. Il reste encore un château construit sur un rocher, où il y a une petite garnison commandée par un aga; les environs de Collo sont montagneux et boisés. Sur la même côte, à l'est de Collo, se trouvent les ruines de la ville de *Stora*, qui était bâtie au fond du golfe du même nom.

La ville de *Bone*, en arabe Blaid-el-Aneb, est située par 36° 52' de latitude nord, et 5° 50' de longitude est; à 35 lieues nord-est de Constantine, et 95 lieues est d'Alger : bâtie sur le golfe du même nom, dans lequel se jette le Seïbouse, cette ville est entourée d'une muraille qui tombe en ruines, et est défendue par un château-fort construit en 1535 par Charles-Quint, sur une hauteur qui la domine; ses rues étroites, non pavées, sont très malpropres à cause des bestiaux qui s'y retirent pendant la nuit; ses maisons, blanchies avec de la chaux, fatiguent la vue.

Les environs sont couverts de jardins remplis d'arbres fruitiers; à 1/3 de lieue de la ville, on voit les ruines d'Hippo-Regius, qui dut sa célébrité à saint Augustin, son évêque.

La petite ville de *La Calle*, située à 105 lieues à l'est d'Alger, et à 50 lieues est-nord-est de Constantine, est entourée de trois côtés par la mer; le côté de terre est défendu par une muraille. Sa population était presque entièrement composée de Corses et de Provençaux; c'était un comptoir français pour la pêche du corail, et qui n'était pas sans importance.

Tebef, ville peu considérable, est située sur le Medarda, près des confins du Biled-ul-Djerid.

Gigeri, village à 50 lieues à l'est d'Alger, sur une langue de terre qui s'avance dans la mer. Les environs sont habités par des Maures qui vivent sous des tentes; au midi se trouve le mont Araxe, qui sert de retraite à des peuplades de Kabaïles.

La ville de *Bougie* (Bugia) est située par 36° 20' de latitude nord, et 3° 2' de longitude est, à 40 lieues est d'Alger: bâtie sur le penchant d'une haute montagne baignée par la mer, qui forme en cet endroit un golfe assez profond, où se jette la rivière du Sumam, cette ville fut fortifiée en 1510 par Pierre, comte de Navarre : un château-fort la domine, et deux autres défendent le port. Les Kabaïles la tiennent presque constamment bloquée ; le port est grand et fermé par une langue de terre sur laquelle il y avait autrefois un aquéduc.

La population des environs de Bougie est la plus sauvage et la plus dangereuse de toutes celles qui habitent le territoire de la régence.

Dellys ou *Tedelis* est un bourg à 15 lieues à l'est d'Alger, et à 50 lieues ouest-nord-ouest de Constantine, sur le bord de la mer, à peu de distance du Bouberak. Ses habitans sont renommés pour leur habileté dans la teinture, mais ils ont la réputation de brigands.

La ville de *Biscara*, à 55 lieues au sud-sud-ouest de Constantine, et à 70 lieues sud-est d'Alger, a un petit château avec une garnison turque, pour contenir les peuplades des environs, qui sont très misérables. Quelques uns des habitans de ce pays amènent à Alger des bêtes féroces pour les vendre, et d'autres y viennent faire les ouvrages les plus vils.

Oran, à 50 lieues ouest d'Alger, est située au bord de la mer sur un isthme ; cette ville, assez bien fortifiée, est la résidence du bey de la province de l'Ouest, qui entretient à sa solde 2,000 Kolouglis ou Koloulis, et 1,500 Maures.

Oran est bâtie sur la pente nord-est d'une montagne très élevée, sur le sommet de laquelle il y a deux châteaux qui commandent la ville ; au sud-est de la ville, et de l'autre côté d'une vallée profonde, mais étroite, se trouvent deux autres châteaux qui la défendent de ce côté. Au haut de la vallée dont nous venons de parler, et à 1/4 de lieue vers le sud, il existe une source abondante qui fournit de l'eau à la ville ; cette source est défendue par un cinquième château. Oran a, dans sa partie la plus élevée, une citadelle ou cassaba. A une lieue à l'ouest se trouve le port, appelé Mers-el--Kebir, qui est d'une grande importance dans le cas d'une attaque contre Oran.

La ville de *Moustagan* est située à 25 lieues au nord-est d'Oran : bâtie en amphithéâtre sur le bord de la mer, elle est défendue, ainsi que son port, par un château où il y a une petite garnison turque. A 7 lieues en arrière de la ville s'élève le mont Magarara, habité par une tribu d'Arabes qui porte son nom.

Arzeo est situé par 35° 45' de latitude nord, et 2° 34' de longitude ouest, à environ 70 lieues ouest-sud--ouest d'Alger, et à 8 lieues nord-nord-est d'Oran. Cette ville eut autrefois une grande importance; on voit encore quelques vestiges de sa grandeur passée. Son port est très fréquenté par les Européens.

Mascara est située dans une très belle plaine, à 65 lieues ouest-sud-ouest d'Alger, et à 18 lieues est d'Oran : elle est entourée de murailles, et défendue par un fort et des batteries. Les Bédouins des environs sont exempts d'impôts; ils ne servent que comme volontaires.

Trémecen, ancienne capitale du plus grand royaume de la Mauritanie césarienne, est encore aujourd'hui la capitale de la province de l'Ouest, quoique le bey n'y fasse pas sa résidence. Cette ville est bâtie sur une éminence au dessous d'une chaîne de rochers escarpés, qui sont couronnés par une assez grande plaine, arrosée d'une multitude de sources; sa distance à la mer est de 12 lieues; ses murailles, flanquées de tours, sont en assez bon état; elle a cinq portes qui se ferment par des ponts-levis. Trémecen, autrefois si florissante, n'a plus rien qui rappelle son ancienne splendeur. La population de cette ville, composée d'Arabes, de Maures et de Juifs, est évaluée par Boutin à 15,000 ames, tandis que Shaler ne la porte qu'à 3,000. Sa garnison est toujours assez nombreuse.

Le village de *Touount*, situé au bord de la mer sur la frontière des états d'Alger et de Maroc, a un petit château avec une faible garnison.

La ville de *Tenez*, à l'est de Moustagan, est bâtie sur le penchant d'une montagne, à une lieue de la mer; elle était autrefois la capitale d'un royaume du même nom; aujourd'hui, peu considérable, elle dépend de la province de Trémecen. Les Algériens y ont une petite garnison turque. Son territoire fournit beaucoup de grains, de miel, de cire et de bétail.

La petite ville de *Cherchel* est située à 22 lieues à l'ouest d'Alger. Bâtie sur les ruines d'une cité immense, dont on voit encore de nombreux vestiges, sa position est des plus avantageuses : son port est encombré de débris de l'ancienne ville, qu'on croit avoir été détruite par un tremblement de terre; cependant il sert encore aux petits bâtimens. Elle a une faible garnison.

Colcah est située au fond d'une petite baie, à 7 lieues et 1/2 à l'ouest d'Alger; les environs sont très fertiles.

Callah, sur une montagne, à 5 lieues au nord-est de Mascara; elle est sale et mal bâtie. C'est dans cet endroit que se fabriquent la plus grande partie des tapis et étoffes de laine du pays; les villages qui environnent la ville se livrent à la même industrie. Il y a une petite citadelle et une faible garnison.

Mazaounah, à 9 lieues au sud-est de Moustagan, sur l'Ouarisa, affluent de droite du Chelliff, est entourée d'un mur en terre. On y fabrique beaucoup d'étoffes de laine.

Nador, située sur une colline, à 25 ou 30 lieues au sud-est de Mascara, au dessous du Susellim qui se perd dans les sables, est une ville considérable, habitée par les Arabes gétuliens.

Miliana, à 28 lieues au sud-ouest d'Alger et à 35 lieues est-nord-est de Mascara, est bâtie au pied de la montagne du même nom et près de la rive droite du Chelliff; elle est célèbre par le tombeau d'un mahométan en grande vénération dans le pays.

La ville de *Blida* ou *Bilida* a 10,000 habitans suivant quelques auteurs, mais Boutin porte ce nombre à 15,000. Elle est située à 8 lieues au sud d'Alger, dans le district sud de la plaine de Metidjiah, et dépend immédiatement du gouvernement de la régence, qui la protége contre la tyrannie des beys. La population de cette ville, sa situation dans une contrée extrêmement fertile et abondamment pourvue d'eau, sa proximité de la capitale, l'avantage qu'elle possède d'être l'intermédiaire obligé de tout le commerce entre Alger et les provinces, sont autant de causes qui ont contribué à la prospérité et à l'accroissement de Blida. Détruite entièrement le 2 mars 1825 par un tremblement de terre qui fit périr presque la totalité de ses habitans, elle s'est promptement relevée de ses ruines.

Medea, à 10 lieues au sud-ouest d'Alger, dans la province de Titteri, à 3 lieues au sud-ouest de Blida, sur la rive gauche de la Chiffa, dans une plaine. C'est la capitale de la province; elle est fermée par une muraille. Sa position dans la contrée la plus fertile de la Numidie, et sa proximité d'Alger, lui ont donné un très grand degré de prospérité agricole.

Nous venons de voir, par la description des principales villes, que la plupart d'entre elles ont été construites au bord de la mer, ou à peu de distance des côtes : c'est donc aussi sur cette portion du territoire que se trouve la plus grande partie de la population; le reste du pays est occupé par des peuples qui vivent sous des tentes, et qui n'ont point de demeures fixes.

Origine des peuples. — La régence d'Alger comprend la Numidie et presque toute la Mauritanie césarienne. Gouvernée d'abord par des princes indigènes, cet état devint successivement la conquête des Romains, des Vandales en 428, des Grecs en 533, des Arabes en 690, des Espagnols, des peuples de l'intérieur de l'Afrique, et des Turcs. La population actuelle, qui se compose du mélange de ces diverses races, est divisée en six classes par le docteur Shaw, savoir :

Les Kabaïles (de qabaily, *tribu*, et Djebaly, *montagnes*),

Les Maures,

Les Arabes,

Les Turcs,

Les Juifs,

Les Renégats.

Les *Kabaïles* ou *Berbères* peuvent être considérés comme les habitans primitifs du pays; ce sont les seuls qui ne parlent pas la langue arabe. On les croit issus d'une tribu de Sabéens qui vint s'établir en Barbarie, sous la conduite du roi Melek-Ifriqui. Retirés dans les montagnes, ils sont divisés en un grand nombre de tribus qui toutes ont leur chef particulier, et se font gloire de ne jamais s'allier avec les autres nations. Ils habitent des *gurbies*, maisons construites avec de grands quartiers de terre grasse séchés au soleil, ou avec des claies enduites de boue. Les toits de ces habitations sont en paille, ou bien formés de gazons appliqués sur des roseaux et des branches d'arbre. L'intérieur des gurbies n'est pas divisé ordinairement en plusieurs pièces, cependant un coin est réservé pour le bétail. La réunion de toutes les gurbies d'une tribu s'appelle *dachkras*.

Les *Maures* sont les descendans des anciens habitans de la Mauritanie; on les divise en deux classes, ceux des villes et ceux des campagnes.

Les Maures qui habitent les villes et les villages se livrent au commerce, exercent des métiers, sont propriétaires de maisons et de biens de campagne, et occupent, sous les ordres du dey, des beys et des agas, les emplois de l'administration réservés aux gens de leur nation.

Les Maures de la campagne sont des familles errantes fort pauvres, ne possédant aucun bien immeuble.

Ces familles ou tribus se distinguent par le nom du pays qu'elles occupent, ou par celui des chefs dont elles descendent. Chacune de ces tribus forme un village ambulant, nommé *douar* ou *adouar*; il est composé de tentes, comme un camp; chaque tente sert de logement à une famille, et tout adouar est gouverné par un *cheikh*, qui prend soin du bien commun. Ce chef est ordinairement choisi dans une famille qui croit descendre des anciens rois ou princes. Ces peuples habitent les contrées qui leur plaisent, ayant soin de n'être jamais dans le voisinage des troupes turques; ils y louent des habitans des villes des terrains qu'ils ensemencent, et avec le produit de leurs récoltes ils paient le loyer et l'impôt du dey, qui est proportionné au nombre des individus dont se compose l'adouar, et à l'étendue du terrain. Le cheikh répond pour tous, et tous sont mutuellement garans les uns des autres. Rien de plus misérable et de plus malpropre que les douars de ces peuples. Leurs meubles se réduisent à un moulin portatif pour écraser le grain, quelques cruches en terre pour mettre l'huile, le riz et la farine; quelques nattes pour s'asseoir et se coucher, et un pot pour faire cuire les alimens : une feuille de palmier leur sert de table. Quelquefois la même tente renferme deux ou trois familles, avec les chevaux, les ânes, les vaches, etc. Les chiens gardent la demeure contre les lions et les renards, et les chats la garantissent des rats et des serpens qui se montrent en grand nombre dans certaines contrées. La tente du cheikh, placée au milieu du camp, est plus élevée que les autres ; toutes sont soutenues par de grands pieux ; elles ont la forme d'un pavillon : une place est réservée au centre pour le bétail. Les tentes sont faites avec une étoffe en laine noire ou blanche, ordinairement fort sale et d'une odeur fétide.

Les hommes cultivent la terre, et vont vendre leurs grains, leurs fruits, leurs volailles et autres denrées aux marchés forains et dans les villes. Les femmes et les enfans font paître les troupeaux, vont chercher le bois et l'eau, apprêtent la nourriture de la famille, et ont soin des abeilles et des vers à soie qui sont une de leur plus grande richesse.

Les Maures de la campagne ont le caractère guerrier; leur adresse à cheval est fort remarquable. Leurs armes consistent en une espèce de lance courte appelée *azagaye*, qu'ils tiennent toujours à la main, et en un coutelas qu'ils portent dans un fourreau suspendu derrière le dos.

Les *Arabes* sont les descendans des anciens Arabes mahométans qui conquirent la Mauritanie. Dépossédés par les Turcs de leur souveraineté sur les états d'Alger, ils se retirèrent dans les montagnes et les déserts du midi, avec leurs troupeaux et leurs effets, et ils y sont restés indépendans. De même que les Kabaïles, ils ne se marient jamais qu'entre eux, et ils se croient pour cette raison le peuple le plus noble de l'Afrique. Quelques uns des Arabes qui habitaient les villes, ne voulant pas perdre leurs propriétés, se soumirent aux Turcs et s'allièrent aux autres nations; ceux-là sont regardés par leurs compatriotes comme des êtres dégradés et aussi méprisables que les Maures.

Lorsque les Arabes, retirés dans les forêts et les parties les plus sauvages du territoire, apprennent qu'une force militaire turque se dirige vers eux pour les mettre à contribution, ils cachent leurs grains et leurs effets dans des fosses profondes, et ils s'enfuient avec leurs troupeaux : s'ils sont surpris, on les rançonne doublement.

La plupart de ces peuples, qui habitent l'Atlas et les déserts, sont riches par le commerce qu'ils entretiennent avec les états de Tunis et de Maroc; ils vivent dans l'aisance, ont de belles tentes, des habits très propres, et des chevaux d'une race assez remarquable. Ils sont très habiles à les dompter, et savent s'en servir avec une adresse extraordinaire.

Les Arabes sont presque constamment occupés de la chasse des bêtes féroces; ils manient la lance et le javelot avec une dextérité fort grande, mais ils n'ont pas encore l'habitude des armes à feu.

Les *Turcs* sont les maîtres souverains du pays. Tous étant soldats, nous renverrons au chapitre XX pour les détails relatifs à leur état social, car leur organisation militaire fait connaître en même temps les seuls devoirs auxquels ils soient soumis comme citoyens.

Les *Chrétiens renégats* ont les mêmes priviléges et la même considération que les Turcs, aussitôt qu'ils ont embrassé l'islamisme.

De même que les Turcs, les Renégats qui épousent des femmes maures ou arabes, sont exclus des grandes dignités de l'État, ainsi que leurs enfans, qu'on appelle aussi *Kolouglis*, *Kolouli*s ou *Koloris*.

Il y a très peu de *Chrétiens libres* dans la régence d'Alger. Avant l'expédition de lord Exmouth, les esclaves de cette religion étaient tellement nombreux qu'ils auraient pu se rendre maîtres des principales villes, s'ils n'avaient été retenus par la crainte d'un châtiment cruel, au moindre soupçon de rébellion. Presque tous les habitans avaient de ces infortunés à leur service. Depuis 1816, l'esclavage des Européens a été aboli; ce fut la première condition que l'Angleterre imposa à la régence pour lui accorder la paix.

On fait remonter le séjour des *Juifs* dans le royaume d'Alger, à l'époque de la destruction de Jérusalem par Vespasien; mais le plus grand nombre vient des Juifs chassés de l'Europe dans le xiiie siècle. Méprisé et maltraité par les Turcs, les Maures et les Arabes, ce malheureux peuple ne peut porter que des vêtemens noirs. Si un individu de cette nation commet la moindre faute contre le gouvernement, il est brûlé vif. Les Juifs qui veulent embrasser le mahométisme sont obligés de se faire d'abord chrétiens. Ils ont leurs juges particuliers, pris parmi eux, mais ils peuvent en appeler à la justice turque.

A Alger, un quartier a été assigné aux Juifs, et il leur est défendu d'habiter ailleurs; aucun d'eux ne doit quitter les états de la Régence sans fournir caution pour son retour. Ils s'occupent d'industrie et de commerce. Souvent ils s'associent avec des Juifs d'Europe, que l'on appelle *Juifs francs*, parce qu'ils jouissent, sous la protection d'un consul, de toutes les prérogatives des autres Européens.

Mœurs, coutumes, etc. — Les mœurs des Kabaïles ont beaucoup d'analogie avec celles des Arabes bédouins, ou Arabes du désert.

Les Maures de la campagne, quoique pauvres, sont très fiers, et regardent ceux de leur nation qui habitent les villes, comme des esclaves vendus à l'iniquité des Turcs. Si un aga, ou gouverneur d'une ville de leur voisinage, leur fait une insulte, ils lui déclarent la guerre; mais alors ceux de leurs compatriotes qui se trouvent dans la ville, craignant les suites de cette rupture, s'établissent médiateurs, et ne tardent pas à faire faire la paix.

Les Maures sont très voleurs, et l'on ne peut s'éloigner des villes sans une escorte.

Tous les soirs, dans chaque douar, les chefs de tentes montent à cheval et s'assemblent en cercle dans une prairie autour du cheikh; là, on délibère sur les affaires publiques: les femmes n'ont jamais aucune part à ces réunions et ignorent ce qui s'y passe.

Les garçons se marient à l'âge de 14 ans; les filles à 10 et même à 8 : on en a vu donner à 11 ans des preuves de fécondité. Le mariage des Maures est une espèce de marché qui se conclut entre le père de la fille et le garçon qui veut l'épouser. Lorsque le prix est fixé, le garçon conduit devant la tente de son beau-père la quantité de bestiaux convenue, et la future se prépare à recevoir son époux. Quand celui-ci est à l'entrée de la tente, on lui demande *ce que l'épouse lui coûte :* à quoi il répond qu'*une femme sage et laborieuse ne coûte jamais trop cher*. Les fiancés se félicitent alors réciproquement, et attendent ensemble que toutes les filles du douar soient arrivées ; celles-ci font monter la mariée sur un des chevaux du futur, et la mènent devant sa tente, en poussant des cris de joie : à son arrivée, les parens du mari lui donnent un breuvage composé de lait et de miel : tandis qu'elle boit, ses camarades chantent et souhaitent au nouveau couple toutes sortes de prospérité. L'épousée met pied à terre, et ses compagnes lui présentent un bâton qu'elle plante en terre aussi profondément qu'il lui est possible de le faire, en disant que, *comme le bâton ne peut sortir sans qu'on l'arrache avec violence, de même elle ne quittera jamais son mari à moins que d'y être contrainte*. Après cette cérémonie, on la met en possession des troupeaux, qu'elle conduit aussitôt au pâturage, pour faire connaître qu'elle doit coopérer au bien-être de la communauté ; enfin, elle revient à la tente et se réjouit avec ses compagnes jusqu'au soir. Lorsque le mariage est consommé, la femme porte pendant un mois un voile qui lui couvre le visage : elle ne sort pas pendant tout ce temps.

Les Arabes sont très paresseux ; ils passent une grande partie de leur vie à s'amuser et à fumer ; ils sont très polis entre eux et grands faiseurs de complimens, mais d'une fierté sauvage à l'égard des étrangers, parce qu'ils méprisent toutes les autres nations, envers lesquelles ils sont en général traîtres et trompeurs.

Les coutumes des Arabes sont encore ce qu'elles étaient il y a 3,000 ans; ils marchent ordinairement pieds nus, ou seulement avec des sandales, et le maître de la maison a l'usage d'offrir à celui qui le visite de l'eau pour se laver les pieds.

Lorsqu'ils ont la guerre avec leurs voisins, ils emmènent leurs femmes et leurs enfans, afin que leur présence anime leur courage, par la crainte de les perdre ou de les voir captifs.

Parmi les Turcs, les mœurs sont extrêmement relâchées; la plupart vivent avec des concubines maures ou arabes, et beaucoup se livrent à des plaisirs qui prouvent l'excès de leur dépravation. Le gouvernement oppose des obstacles au mariage des soldats, en retirant différens avantages à ceux qui cessent d'être célibataires; cependant quelques turcs épousent des esclaves chrétiennes qui ont embrassé leur religion, et les enfans qui naissent de cette union sont considérés comme véritables turcs; les autres rentrent dans la classe des Kolouglis.

Les Kolouglis étant éloignés des emplois et assez mal traités sous le rapport des avantages sociaux, sont aussi, de toute la population de la régence, ceux que l'étranger aurait le plus de facilité à mettre dans ses intérêts.

En général, les habitans des états d'Alger ont des mœurs fort corrompues; ils témoignent aux étrangers beaucoup de brutalité et de hauteur, ce qu'il faut attribuer au manque d'éducation et à l'habitude de commander dans leur intérieur à des esclaves de toutes les nations. Les soldats qui composent la milice sont surtout d'une insolence insupportable, même envers leurs concitoyens; quoique sortant de la lie du peuple, ils sont considérés en tout lieu comme de hauts et puissans personnages; on leur donne le titre d'*effendi*, qui signifie seigneur ; tandis que les Arabes et les Maures, quelque puissans et riches qu'ils puissent être, n'obtiennent jamais que celui de *cidi*, l'équivalent de monsieur.

Le dey est appelé effendi par la milice et les consuls européens ; mais les Arabes, les Maures et les étrangers qui n'ont point de caractère officiel, lui donnent le titre de sultan. Quand un étranger arrive à Alger, il est conduit par le capitaine du port devant le dey, qui lui donne la main à baiser, et lui demande, en langue franque, d'où il vient et quelles raisons l'amènent.

Les habitans du pays sont très disposés à établir en usances, qui ont ensuite force de loi, les cadeaux que l'on est dans le cas de leur faire ; un dîner même, offert par politesse, finit par être considéré comme un droit acquis, et, toutes les fois qu'ils sont appelés chez vous par leurs affaires, ils croient pouvoir user de leurs priviléges.

Lorsque les Algériens se rendent chez une personne de leur connaissance, ils se font annoncer par un esclave, et le maître de la maison vient les recevoir dans une espèce de parloir, où il leur offre des pipes et du café : les femmes sont alors prévenues, afin qu'elles ne se montrent pas. Si quelqu'un s'introduisait dans une maison sans avoir été annoncé, il serait considéré comme un voleur et puni comme tel. Quand les femmes se visitent entre elles, elles en font informer le maître de la maison, pour qu'il évite de paraître pendant le temps qu'elles passent chez lui.

Les habitans d'Alger traitent sans conséquence les chrétiens ; quelques uns mêmes leur permettent de voir leurs femmes.

Les Algériens, qui tiennent à leur réputation, mènent une vie simple et laborieuse, et observent strictement leur religion.

Tous les jeux leur sont défendus, excepté les dames

et les échecs ; encore ne peuvent-ils pas y jouer de l'argent. Ils n'ont ni spectacles publics ni particuliers ; ils emploient la moitié de leur existence à fumer et à boire du café, sans autre société que celle de leurs femmes, de leurs concubines ou de leurs esclaves.

Le carême est une espèce de carnaval pour la jeunesse libertine, qui passe les nuits dans la débauche ; mais les gens sages se renferment chez eux et observent pendant le jour un jeûne scrupuleux.

Lors de la célébration de quelque *zinah* ou grande fête, on se permet plus de liberté. Les balcons qui donnent sur la rue sont alors ouverts ; chacun se fait un point d'honneur de décorer sa maison à l'extérieur comme à l'intérieur, et de se montrer vêtu avec magnificence. Les hommes et les femmes courent pêle-mêle pendant ce temps, parés de leurs plus riches habits, et entrent partout où bon leur semble.

Les Algériens sont généralement très avares. La plupart des chefs de famille ont un trésor enterré, qu'ils réservent pour les cas extraordinaires. Cette habitude leur évite d'ailleurs les désagrémens qu'ils pourraient éprouver si l'on connaissait leur fortune.

Les Turcs et les Maures se lèvent de grand matin ; ils travaillent, après les prières publiques, jusqu'à dix heures : ils dînent et se remettent ensuite à l'ouvrage jusqu'à la prière de l'après-midi, appelée *aâsr* : toute occupation cesse alors, et l'on ferme même les boutiques. Ils soupent ordinairement après la prière *mohreb*, et se couchent dès qu'il fait nuit.

Ceux qui n'ont pas d'affaires passent la journée dans des *haf-effi* ou bazars, ou bien dans des cafés.

L'ameublement des Algériens consiste en une estrade, recouverte de tapis ou de nattes et de quelques coussins ; c'est là qu'ils s'asseyent une partie du jour, et qu'ils dorment pendant la nuit. Une tenture faisant séparation cache les matelas et les autres effets, qui restent dans un coin de l'appartement. Les fenêtres et les portes sont fermées par des rideaux.

Les Algériens n'ont pas de médecins; ils croiraient faire une offense à Dieu s'ils prenaient un remède interne : ils se permettent seulement quelques curatifs extérieurs.

La nourriture des Maures consiste en galettes cuites sous la cendre, en riz, légumes, fruits et lait; ils ne mangent presque pas de viande, et préfèrent la vendre; ils ne boivent que de l'eau; leur grand régal est de l'huile et du vinaigre, dans lesquels ils trempent leur pain.

Les hommes sont vêtus d'un *haïk*, pièce d'étoffe de laine blanche très grossière de quatre à cinq aunes, dont ils s'enveloppent entièrement; quelques uns entourent leur tête d'un morceau de drap. Le cheikh porte une chemise et un *barnus*, qui est une espèce de cape en laine, avec un capuchon. Les plus riches d'entre eux ont des barnus qu'ils conservent avec tant de soin, qu'ils deviennent l'héritage de deux ou trois générations.

Les enfans de l'un et l'autre sexe restent nus jusqu'à sept ou huit ans; à cet âge seulement on les couvre de quelques haillons : ils couchent sur de la paille, du foin ou des feuilles sèches. Tout le temps que les enfans sont à la mamelle, la mère, lorsqu'elle va au travail, les porte sur son dos dans une *mandille*, et leur donne le sein par dessus l'épaule. Ordinairement, les enfans sont très robustes, et marchent à six mois.

Les femmes maures se couvrent avec une étoffe de laine qui prend au dessous des épaules et descend jusqu'aux genoux.

Leurs cheveux sont tressés et ornés de dents de poisson, de corail ou de grains de verre; elles portent aux bras et aux jambes des bracelets en bois ou en corne; elles sont tatouées à la figure, aux bras et aux cuisses.

Les Arabes vivent fort sobrement de galettes cuites sous la cendre; de légumes, de fruits, de lait, de miel et des agneaux de leurs troupeaux; ils font eux-mêmes leurs tentes qui sont en laine et fort propres : ils font aussi de belles nattes de feuilles de palmier qui leur servent de siéges et de lits.

Ils portent des chemises de gaze fine, des caleçons, des vestes, et, par dessus ces vêtemens, un barnus de couleur rouge ou bleue, avec des tresses de soie à la couture de devant, et une grande houpe de laine ou de soie au haut du capuchon : quelques uns ont ces ornemens en or.

Les femmes des Arabes distinguées par leur fortune sont habillées fort noblement : elles portent des chemises de gaze très fines, des caleçons comme les hommes, et une espèce de veste de soie, par dessus laquelle elles mettent une longue robe de couleur qui va à mi-jambe, et dont les manches sont extrêmement larges. Lorsqu'elles doivent paraître en habits de cérémonie, elles jettent sur elles un long manteau, ordinairement de couleur rouge ou bleue, dont elles attachent les deux bouts sur les épaules avec des agrafes d'argent; elles ont des anneaux de même métal aux oreilles, aux doigts, aux bras et au bas des jambes.

Les femmes arabes moins riches portent un costume à peu près semblable; mais, au lieu d'être en soie, il est en laine; leurs cheveux sont entrelacés de chapelets d'ambre ou de corail : elles en ont aussi une grande quantité autour du cou. Lorsqu'elles sortent, elles tiennent à la main une espèce de masque qu'elles mettent sur leur figure quand elles rencontrent des hommes, à moins qu'ils ne soient leurs parens ou alliés. Le fard est en usage parmi les filles; elles le font elles-mêmes et s'en mettent au bout des doigts, au sein et au visage; elles se teignent aussi les paupières et les sourcils, se font de petits ronds ou des triangles sur les joues, ou bien y dessinent des fleurs, des feuilles de myrte ou de laurier.

Les Turcs se distinguent des autres nations par leurs vêtemens de couleur tendre, qu'eux seuls ont le droit de porter.

Le dey et ses principaux officiers ont des chemises de gaze à manches très amples ; une culotte large qui recouvre à peine le mollet, et qui se ferme avec une coulisse ; une robe de drap de couleur qui descend jusqu'aux chevilles, dont les manches sont très étroites, et dont le col et le devant sont ornés de tresses et de boutons d'or ou d'argent ; une ceinture de soie qui fait plusieurs tours sur les hanches ; et par dessus tout cela, ils portent une longue robe en drap fin qu'ils appellent *cafftan*. Les manches du caffetan sont très larges ; le devant est orné d'agrafes et de broderies d'or et d'argent. Dans leur ceinture, ils placent un couteau ou poignard dont le manche est en agate ou en vermeil. La chaussure consiste en des pantoufles pointues, en maroquin rouge ou jaune : les bas ne sont point en usage.

Le turban se compose d'une petite calotte de laine rouge et d'une pièce de mousseline, de plusieurs aunes de long, tournée autour de la tête.

Les Turcs avancés en âge ou qui occupent certaines charges, portent la barbe longue et taillée en pointe ; tous se font raser les cheveux.

Les jeunes gens ne se laissent croître que la moustache ; ils portent, pour coiffure, la calotte rouge sans turban.

Le costume des femmes turques est à peu près le même que celui des hommes : leur caleçon descend à la cheville ; quelques unes mettent des bottines jaunes dans leurs pantoufles ou babouches, mais la plupart n'ont que des pantoufles sans bas. Les femmes riches portent des cafftans d'étoffes de soie et d'or ; leurs cheveux sont entrelacés de perles, de diamans et d'autres pierreries; elles ajoutent à leur parure des pendans d'oreille, des colliers, des bagues et des bracelets. Celles qui ont moins de fortune remplacent les perles et les pierreries par du corail et de l'ambre. Toutes les femmes, lorsqu'elles sortent, se couvrent le visage avec un mouchoir blanc, depuis le dessous des yeux jusqu'au menton, et s'enveloppent le corps depuis la tête jusqu'aux pieds, d'une pièce d'étamine blanche très fine et très claire.

La tête des enfans est couverte d'une calotte d'étoffe ornée d'une grande quantité de pièces d'or.

CHAPITRE IX.

LANGAGE.

La langue turque est celle du gouvernement et de la milice; mais les fonctionnaires de la régence, les marchands maures et les Juifs, communiquent entre eux et les Européens au moyen de la langue franque, composée d'espagnol, d'italien, de français et de différens dialectes mauresques. Ce jargon n'a point de prépositions, et les verbes n'y sont employés qu'à l'infinitif.

Les contrats entre particuliers sont généralement stipulés en arabe; mais tous les actes de l'autorité sont rédigés en langue turque et traduits ensuite en mauresque, en arabe, ou en langue franque, selon le besoin et les gens qu'ils concernent.

On se sert aussi de la langue turque dans les tribunaux; ce qui oblige les Maures, les Arabes et les Chrétiens à employer des interprètes pour plaider leurs causes.

Le dialecte des Maures dérive de l'arabe et diffère selon les provinces.

Les Arabes nomades prétendent parler et prononcer avec pureté la langue arabe; mais les tribus sédentaires qui, étant plus rapprochées d'Alger, s'adonnent d'avantage au commerce et se sont souvent mêlées avec les autres races d'habitans du pays, parlent un langage corrompu, dont les dialectes varient plus ou moins, comme le mauresque.

Les Berbères ou Kabaïles ont un langage qui leur est propre, et qui, à ce que l'on prétend, est d'une extrême stérilité. On le croit d'origine punique.

CHAPITRE X.

RELIGION.

Les anciens Africains de la Mauritanie étaient idolâtres : ils adoraient le soleil et le feu, et bâtissaient à ces divinités des temples où brûlait un feu perpétuel. Ces barbares embrassèrent la foi chrétienne dans le IVe siècle, époque où quelques seigneurs de la Pouille et de la Sicile s'emparèrent des états de Tunis et de Tripoli.

Plusieurs princes de la secte d'Arius ayant ensuite abandonné l'Italie pour éviter la fureur des Goths, allèrent chercher un refuge sur la côte d'Afrique. Le nombre des chrétiens s'accrut alors rapidement dans toute la Mauritanie et le long de la Méditerranée. On peut en juger par le concile national qu'on assembla à Carthage, où il se trouva 400 évêques orthodoxes et où l'on constata l'absence de 470 autres.

L'islamisme prit naissance au commencement du VIe siècle. Les Arabes, soutenus par 24,000 Turcs, ayant, à cette époque, envahi la Mauritanie par la force des armes, apportèrent dans ce pays la loi de Mahomet, et cette croyance nouvelle fit des progrès si prompts, qu'en peu de temps elle fut répandue parmi la population entière de ces contrées.

Aujourd'hui la religion dominante dans les états du Grand-Seigneur est aussi la seule qui soit reconnue à Alger. Comme dans les autres parties de l'Afrique, on y compte un grand nombre de sectes; mais toutes se rattachent à l'une ou l'autre des deux croyances qui divisent les peuples soumis au croissant.

Ces deux sectes diffèrent en ce que les *vrais serviteurs de Mahomet* soutiennent la prédestination absolue, et croient que Dieu est la cause du bien et du mal; qu'il est éternel ainsi que sa loi; qu'il se rendra visible dans son essence même; que Mahomet fut élevé en la présence de Dieu en corps et en ame; qu'il faut prier nécessairement cinq fois par jour.

Les *sectateurs d'Ali* prétendent que Dieu ne produit que le bien; que lui seul est éternel et non sa loi; que les ames bienheureuses ne voient Dieu que dans ses œuvres; que l'ame seule de Mahomet fut enlevée dans le ciel et non le corps du prophète; et qu'enfin il suffit de prier trois fois par jour.

Toutes les sectes indistinctement se traitent entre elles d'hérétiques : les plus remarquables sont celles des *Marabouts*, appelées *Santons, Cabalistes* et *Sunnaquites*.

Les Santons suivent des règles différentes qui dépendent de l'esprit de leurs divers fondateurs. Les uns courent sans cesse couverts de haillons, les autres entièrement nus. Ils croient que les bonnes œuvres, les jeûnes, les austérités et les souffrances les purifient, les rendent semblables aux anges, et que lorsqu'ils ont atteint un certain degré de perfection, ils ne peuvent plus pécher; principe qui les porte aux plus grandes extravagances et même à des crimes.

Les Cabalistes observent des jeûnes très rigoureux, ne mangent d'aucune chose qui ait eu vie, mais des herbes, des légumes, des fruits, des racines, etc. Ils ont des formules de prières pour chaque mois, chaque jour, chaque heure ; ils prétendent entretenir un commerce avec les esprits célestes, et portent sur eux des talismans chargés de chiffres et de caractères mystérieux. Cette règle fut instituée par un nommé Beni, célèbre docteur arabe.

Les Sunnaquites sont de vrais misanthropes : ils vivent dans des déserts, et fuient toute communication avec les hommes. Ils ne se nourrissent que d'herbes et de racines. Leur croyance est un mélange bizarre des religions juive, chrétienne, mahométane et même aussi du paganisme. Il sacrifient des animaux, se font circoncire à l'âge de trente ans et baptiser ensuite. Ils disent que toutes les religions viennent de Dieu; qu'ils sont les plus parfaits des hommes, etc.

Dans les différentes villes de la régence, on accorde en général peu de foi à ces pratiques superstitieuses, et les Marabouts sont étranglés comme les autres, lorsqu'ils se mêlent des affaires du gouvernement. Au reste, la plupart des Turcs d'Alger n'ont qu'une piété apparente ; parmi eux dominent tous les vices qui accompagnent ordinairement l'ignorance et la dissolution des mœurs. Quelle conduite attendre, en effet, d'une milice composée de la lie de la population du Levant, ou de renégats juifs et chrétiens?... Les chefs de la loi s'efforcent cependant de faire observer strictement les cérémonies religieuses; mais, en général, il n'y a que les *hadgis*[1] et quelques gens très âgés qui se piquent de sainteté.

---

[1] On appelle hadjis, ceux qui ont fait le voyage de la Mecque, et qui ont visité le tombeau de Mahomet. On a pour eux une grande vénération.

Les chérifs sont ceux qui descendent de la race du prophète. Ils jouissent du privilége de porter le turban vert. L'usage de cette distinction, transmis de père en fils, tient lieu de toute espèce de titre : celui qui chercherait à s'approprier ce droit serait puni de mort.

Les Turcs ont l'habitude de tenir dans la main un chapelet composé de grains d'agathe, d'ambre ou de corail, et, en le parcourant avec les doigts, ils prononcent sur chaque grain une attribution de la Divinité.

Tous les cultes sont autorisés dans les états de la régence, et le gouvernement leur accorde une égale protection, pourvu que ceux qui les professent ne se mêlent en rien de la religion dominante, ni des affaires publiques.

La plupart des femmes n'ont point de religion ; personne ne les oblige à prier, et beaucoup de gens doutent même qu'elles aient une ame immortelle. On les élève dans la plus profonde ignorance, leur laissant croire qu'elles ne sont faites que pour servir à la reproduction et pour obéir aux volontés des hommes. Cette opinion, jointe à l'ardeur du climat, les dispose nécessairement au plaisir. Placées pour ainsi dire hors de l'état social, on conçoit que les femmes turques n'obtiennent que peu de considération dans leur vieillesse ; parvenues à un âge où les liens de famille ont besoin de se resserrer davantage, où ceux de l'amitié deviennent plus nécessaires, elles ne jouissent pas même de la satisfaction si douce de se voir honorées par leurs enfans.

Les Algériens ont pour les affaires de la religion trois chefs principaux, ce sont : le *moufti* ou grand-prêtre; le *cadi*, qui est en même temps juge pour les causes que les autorités civiles et militaires lui renvoient; et le *grand marabout* ou chef des Morabites [1] ; leurs décisions sont toujours obligatoires et sans appel.

Ces trois dignitaires siégent au divan, à la droite du dey ; ils donnent leur avis sur toutes les affaires diffi-

---

[1] On désigne sous ce nom des espèces d'ermites en grande vénération dans le pays.

ciles et importantes, mais ils n'ont pas voix délibérative.

Ce n'est pas sans raison qu'on attribue la plus grande partie des superstitions qui règnent dans les états d'Alger, à l'orgueil, l'avarice et l'imposture des marabouts. On les croit inspirés par certains génies; et tel est le respect qu'on leur porte, parmi les classes inférieures, que les gens du peuple se regardent comme très honorés des privautés qu'ils se permettent avec leurs femmes. Les marabouts sont la meilleure sauvegarde que puissent avoir les voyageurs, dans l'intérieur du pays, contre les entreprises des brigands. Ils ne se rasent ni la tête ni la barbe; ils portent une longue robe unie, avec un petit manteau court par dessus.

Les Algériens respectent aussi les fous, les imbéciles et les lunatiques, qu'ils considèrent comme des personnages saints. Les fréquentes ablutions, les longs jeûnes, la stricte observance de leur carême, les soins qu'ils donnent à certains animaux, sont, selon eux, des moyens efficaces d'effacer les péchés. D'un autre côté, ils regardent comme une souillure de porter le coran au dessous de la ceinture; de laisser tomber une goutte d'urine sur ses habits; de se servir, pour écrire, d'une plume au lieu d'un pinceau; d'avoir des livres imprimés, des peintures ou des représentations quelconques d'hommes et de bêtes; de se servir de cloches; de laisser entrer des chrétiens et surtout des femmes dans leurs mosquées; d'échanger un turc pour un chrétien, de faire aucune œuvre de leurs mains avant la prière du matin, de frapper la terre du pied quand ils jouent à la paume, de manger des limaçons qui sont sacrés à leurs yeux, de châtier leurs enfans autrement que sur la plante des pieds, de fermer leurs chambres la nuit, etc. etc.

Les Arabes sont presque aussi superstitieux que les Turcs; ils font un cas particulier des sorciers.

C'est une opinion reçue parmi eux, que la plupart des maladies viennent de ce que l'on a offensé les *jenoune*, espèce de personnages fantastiques qui tiennent le milieu entre les anges et les démons. Ces êtres imaginaires se plaisent, disent-ils, à l'ombre des bois, au bord des fontaines, et prennent différentes figures. Quand un Arabe tombe malade, il s'imagine avoir excité la colère d'un de ces jenoune, et il s'empresse pour se le rendre favorable de faire sacrifier, à quelque source du voisinage, une poule ou un coq, par des espèces de sorciers qui n'ont pas d'autres moyens d'existence.

Avant de se mettre à table pour manger ou pour boire, ou avant d'entreprendre un ouvrage quelconque, les Arabes prononcent, avec beaucoup de respect, le mot *bismillah*, au nom de Dieu, et lorsqu'ils ont fini : *alhamdillah*, le seigneur soit loué.

Les Turcs et les Maures se lèvent de grand matin et ne manquent jamais de faire, au point du jour, leurs dévotions publiques. Ils disent aussi, l'après-midi et le soir, les prières d'*aâsr* et de *moghreb*.

CHAPITRE XI.

GOUVERNEMENT ET ADMINISTRATION.

Quoique la milice ait beaucoup de pouvoir à Alger, le gouvernement est plus monarchique que démocratique. Les pachas, ou vice-rois, que la Porte-Ottomane envoyait dans ces provinces, ayant épuisé le peuple par leurs exactions, et mécontenté les Turcs de la milice par leur tyrannie, ces derniers, au commencement du XVIIe siècle, firent connaître à Constantinople leurs griefs, et exprimèrent en même temps la crainte de voir le pays retomber sous la domination des Maures. Pour prévenir cette catastrophe, ils proposèrent alors d'élire parmi eux un dey, qui se chargerait de recouvrer les revenus de la régence, et qui pourvoirait aux différens besoins de l'Etat : ils s'engagèrent, en même temps, à reconnaître toujours le Grand-Seigneur pour leur souverain.

Le sultan ayant approuvé cette mesure, on composa un divan où, dans les cas extraordinaires, tous les officiers qui se trouvaient à Alger étaient appelés à siéger ; bientôt, cependant, les deys voyant leur autorité affermie, n'y admirent plus que 30 des principaux militaires, et les 3 chefs de la religion : le moufti, le cadi et le grand marabout. D'abord les affaires importantes furent décidées par le divan ; mais peu à peu les deys ont fini par composer ce conseil de leurs créatures, et, aujourd'hui, ils ne le consultent plus que pour la forme, bien certains de ne jamais y trouver aucune opposition à leur volonté.

Le dey est le maître absolu du pays : il récompense et punit à son gré, ordonne les camps, les armemens et les garnisons, dispose des emplois et des grâces, et ne rend compte de sa conduite à personne. Malgré tout son pouvoir, il a besoin pourtant d'agir avec une grande circonspection, pour éviter les révolutions fréquentes qui ont lieu par l'inconstance d'une milice dificile à contenir.

L'élection du souverain de la régence doit, suivant les constitutions du pays, être déterminée par le choix des soldats. Lorsque le dey est mort ou a pris la fuite, toute la milice qui se trouve à Alger se réunit au palais, et l'aga demande à haute voix qui on veut élire pour chef : chacun désigne celui qui lui paraît le plus digne. Si les opinions sont différentes, on désigne un autre individu, jusqu'à ce que les suffrages se trouvent enfin réunis sur la même personne : alors, on revêt du cafftan d'honneur le nouvel élu, et le portant, bon gré malgré, sur le siége royal, toute la milice s'écrie : *A la bonne heure ! Ainsi soit-il ! Que Dieu accorde à* ... (on le désigne par son nom) *félicité et prospérité! A la bonne heure! Ainsi soit-il!* Le cadi lui fait connaître les obligations auxquelles il est tenu; il lui dit, entr'autres choses, que « *Dieu l'a appelé au commandement de la milice, pour punir les méchans, et faire jouir les bons de leurs priviléges; qu'il doit donner exactement la paie, employer tous ses soins à la prospérité du pays, fixer le prix des denrées dans l'intérêt des pauvres, etc. etc.* »

Après quoi chacun lui baise la main, et lui promet fidélité et soumission. Cette cérémonie, dont la splendeur consiste en quelques coups de canon tirés par les forts, dure au plus deux heures. Il est assez rare cependant que l'élévation d'un dey se fasse sans quelque massacre parmi les électeurs qui veulent faire triompher leur propre choix.

Tous les Turcs de la milice pouvant prétendre à la dignité de dey, il est difficile aussi qu'un petit nombre d'années s'écoule sans que quelque intrigant ne se forme un parti, en promettant de l'or ou des faveurs, et ne cherche à s'emparer à son tour du pouvoir. Si les amis de cet ambitieux parviennent alors à pénétrer dans la maison du dey, ils l'assassinent, le dépouillent, revêtent du cafftan tout sanglant celui qu'ils désirent pour chef, et crient à haute voix sur la porte du palais : *Gloire et prospérité à un tel, que Dieu a voulu appeler au gouvernement du royaume et de la guerrière milice d'Alger.* Tel est le résultat inévitable des élections populaires.

Le dey, comme on le voit, est sans cesse entouré de dangers : obligé de vivre dans une méfiance continuelle, rien ne le rassure contre l'avenir; et convaincu que la terreur est le seul moyen d'échapper au sort qui le menace, il n'hésite jamais à faire étrangler aussitôt quiconque lui inspire le moindre soupçon par sa conduite.

Lorsqu'un dey est tué par le peuple, ses femmes retombent dans leur état primitif; ses enfans ont la paie de soldat, et sont exclus de toutes les charges du royaume ; mais lorsqu'il meurt de mort naturelle, ce qui est très rare, il est considéré comme un protégé du prophète; on lui rend avec distinction les honneurs funèbres, et tous les siens sont respectés.

Quelquefois un dey n'est pas plus tôt élu qu'il est massacré par un parti qui en met un autre à sa place : on en a vu jusqu'à six dans un jour.

Le dey ne sort guère de son palais que lorsque quelques cérémonies publiques l'exigent. Habituellement il passe la journée sur son *siége*, pour écouter toutes les plaintes, et rendre sur-le-champ la justice : il est entouré alors des quatre grands *hodjas*, ou secrétaires d'état, qui sont assis à sa droite, pour exécuter ses ordres, du *hazenadji*, du *bach-chiaoch*, et du *drogman* de sa maison.

Toutes les affaires, excepté celles de la religion, qu'il renvoie au cadi, lui sont soumises par les parties elles-mêmes, sans aucun autre intermédiaire que le drogman, lorsque son secours est nécessaire. Pendant tout le temps que le dey reçoit ses sujets, les officiers de la milice sont réunis près de la salle d'audience, pour pouvoir exécuter de suite les ordres qu'il lui plaît de donner.

La régence d'Alger est divisée en trois gouvernemens : celui du Levant, celui de l'Ouest, celui du Midi, et l'arrondissement d'Alger, siége du dey. Chacun des trois gouvernemens est administré par un bey, qui relève du dey d'Alger.

Le *gouvernement du Levant* comprend les villes de Bone, Constantine, qui en est la capitale, Gigeri, Bougie, Steffa, Tebef, Zamoura, Biscara et Nickouse; il y a encore le pays de Kouko et de Labez, qu'on peut regarder comme faisant partie de ce gouvernement;

mais les habitans ne reconnaissent pas la domination d'Alger; ils vivent en liberté sous l'autorité d'un chéikh élu dans chaque douar.

Le *gouvernement de l'Ouest* comprend les villes d'Oran, où se tient le bey, depuis que les Espagnols ne la possèdent plus; de Trémecen, Moustagan, Tenez et Cherchel.

Dans le *gouvernement du Midi*, il n'y a ni villes, ni villages, ni maisons; tous les habitans sont campés sous des tentes; le bey lui-même et ses troupes sont campés; mais, le plus souvent, ce gouvernement n'a pas de chef: il est administré par le dey lui-même.

Les Arabes, quoique soumis aux Turcs depuis plusieurs siècles, ont la permission d'exercer la justice à leur manière, d'avoir leurs magistrats particuliers, et de jouir de leurs lois, coutumes et privilèges, pourvu que, chaque année, ils paient régulièrement une capitation et un huitième du revenu de leurs champs.

Ainsi, chaque douar peut être considéré comme une petite principauté, dont le chef est ordinairement choisi dans la famille la plus riche et la plus accréditée. Cet honneur ne se transmet pas toujours de père en fils: lorsque ce dernier est trop jeune ou a quelque grande infirmité, on prend un de ses oncles, ou celui de ses parens qui, par sa conduite et sa prudence, paraît le plus propre à cet emploi. Quoique le chef d'un douar ait un pouvoir absolu, il se fait aider, dans toutes les affaires, des conseils d'un ou deux membres de chaque tente. Ce chef, qu'on appelle *chéikh*, n'a ordinairement qu'un douar sous son autorité; lorsqu'il est chef d'une tribu composée de plusieurs douars, il prend le titre de *chéikh-el-kebir*, grand seigneur ou ancien, ou bien le titre d'*émir*, prince.

Les *beys* sont les gouverneurs des provinces et les généraux des armées; ils sont nommés par le dey, qui les révoque à volonté. Ils commandent souverainement dans le pays qu'ils gouvernent, et sont chargés du recouvrement des impôts. Les taxes sont proportionnées aux ressources du pays : on les verse par moitié au trésor, de six mois en six mois.

Tous les trois ans les beys sont obligés de venir, en personne, rendre compte au souverain de leur administration. Leur entrée à Alger est ordinairement très splendide, et leur coûte des sommes considérables en frais de représentation ou en cadeaux, pour se gagner les bonnes grâces du dey et de son entourage.

Ces beys, qui n'ont aucune espèce de pouvoir à Alger, sont des despotes dans leurs provinces. Obligés d'obéir aux ordres du maître de la régence, ils prétextent souvent des maladies ou des révoltes lorsqu'ils sont appelés près de lui, dans la crainte qu'instruit de leurs concussions il ne les fasse étrangler ; ils envoient alors, à leur place, un *caïte*. Quelques uns même, après avoir amassé des richesses considérables, prennent secrètement la fuite en emportant leurs trésors.

Les *hodjas* ou *codjias-bachis*, ou grands écrivains, sont les secrétaires d'état. Il y en a quatre ; le plus ancien tient les livres de la paie et des dépenses ordinaires et extraordinaires ; le deuxième, ceux de la douane ; le troisième, ceux des revenus de la régence ; et le quatrième, ceux des affaires étrangères et extraordinaires. Ils sont toujours assis sur un même rang, devant un bureau, à la droite du dey, pour vérifier, écrire ou enregistrer tout ce qui est de leur département.

Lorsqu'un consul porte plainte au dey de quelque tort fait aux gens de sa nation, celui-ci ordonne au secrétaire d'état de lire l'article du traité que le consul dit avoir été enfreint, et, s'il a raison, on lui rend justice de suite.

Les grands écrivains sont nommés par le dey ; ce sont ses conseillers, mais ils ne font rien que par ses ordres.

Le *cadi* est nommé et envoyé par la Porte-Ottomane, après avoir été approuvé par le grand mufti qui réside à Constantinople.

Ce magistrat juge et décide toutes les affaires qui regardent la loi, mais il ne se mêle en rien du gouvernement. Il ne peut sortir de chez lui qu'avec la permission du dey qui, quelquefois, l'appelle au divan pour les affaires litigieuses.

Les Maures ont aussi un cadi de leur nation pour leur rendre justice; il est subordonné au cadi turc.

Le *krazenadji* ou *casenadar* est le trésorier-général de l'état. C'est lui qui reçoit et verse au trésor, devant le dey et ses quatre grands écrivains, les revenus du pays; il doit tenir le compte de la recette et de la dépense générale. Toutes ses opérations se font en présence du divan ordinaire. Il a un commis appelé *contador*, qui est turc; c'est le caissier : celui-ci a près de lui deux juifs pour la vérification des monnaies; à mesure que le caissier reçoit ou donne des espèces, il le crie à haute voix, alors un des grands écrivains écrit la somme dans son registre courant.

Le *chéihk-el-beled* est l'échevin de la ville. Il est chargé de la police en ce qui concerne les réparations de la ville, les rues et autres choses semblables; il est à la nomination du dey. C'est dans sa maison qu'on renferme les femmes de toutes conditions qui ont mérité quelque punition, et elles y sont châtiées secrètement. C'est aussi chez lui que le dey envoie les femmes esclaves dont il espère une bonne rançon : elles sont confiées à ses soins et à sa garde.

Le *beït-el-magldji* ou *pitremelgl* (homme de la chambre des biens) est chargé de s'emparer, au nom du dey, de tout le casuel qui appartient au gouvernement, par la mort ou l'esclavage de ceux qui n'ont ni enfans ni frères. Des officiers particuliers sont à ses ordres, et dans la crainte qu'on ne lui cache la mort de quelqu'un, personne ne peut être enterré sans son autorisation : il a pour cela un commis à chaque porte. Lorsque le beït-el-maldji se saisit d'une succession, il paie le douaire à la femme, et il a grand soin de faire fouiller toutes les propriétés, pour découvrir les trésors que les habitans ont l'habitude de cacher.

Le *hodja* ou *codjia-singié*, est le contrôleur-général chargé de recevoir la part des marchandises qui revient au gouvernement sur les prises faites en mer : il les délivre, ou les vend, d'après l'ordre du dey, et en rend compte aux secrétaires d'état. Il a sous ses ordres deux écrivains pour aides.

Les *hodjas* ou *codjias du deylik*, sont les écrivains du dey : il y en a 80. Chacun d'eux a un emploi particulier, tel que : commis à la distribution du pain aux soldats, aux droits sur les maisons et boutiques, aux droits des jardins, métairies, et autres propriétés; préposés pour l'entrée des bestiaux, des cuirs, de la cire, des huiles, et autres marchandises provenant du pays; employés aux différens magasins, tant de terre que de mer. Il y en a toujours deux à chaque porte de la ville, et quelques uns près du dey, pour recevoir ses ordres et ceux des secrétaires d'état. Quelquefois des hodjas s'embarquent sur les gros bâtimens qui vont en course.

Le *drogman*, ou interprète de la maison du dey, est un Turc qui sait lire et écrire le turc et l'arabe. Il traduit au dey toutes les dépêches qu'on lui envoie; c'est lui qui est le dépositaire du sceau ou cachet du dey, et qui l'appose sur tous les écrits qui doivent être signés par le souverain; il sert d'interprète aux Maures, aux Arabes, et aux autres individus qui ont à parler au dey.

Les *chiaouchs* sont les exempts de la maison du dey. Ce corps, composé de 12 Turcs très robustes, a un chef qu'on appelle *bach-chiaouch*, ou *chiaouch-bachi* (grand-prevôt).

Les chiaouchs sont habillés de vert, avec une écharpe rouge et un bonnet pointu blanc. Il ne leur est pas permis de porter des armes, pas même un couteau, ou un bâton. Ils exécutent les ordres du dey, et arrêtent indistinctement tous les Turcs, de quelque rang qu'ils soient, sans jamais éprouver de résistance. Pour les gens des autres nations, il y a un même corps de chaoux maures, mais ils n'a aucun droit sur les Turcs. Lorsqu'un chiaouch a reçu l'ordre d'arrêter quelqu'un, il ne doit pas revenir sans l'avoir exécuté.

Les *gardiens bachis* sont des Turcs qui ont le commandement et la surveillance des bagnes; il y en a un pour chacun de ces établissemens. Ils sont sous les ordres d'un chef, ou gouverneur général des bagnes : ce dernier est ordinairement choisi parmi les anciens capitaines corsaires ; il a beaucoup de pouvoir dans le gouvernement.

Le *reis de la marine*, ou capitaine du port, est un officier d'une grande distinction et d'un grand crédit; il est choisi par le dey, qui le prend ordinairement parmi les officiers les plus âgés et les plus expérimentés de la marine. Cet officier a plusieurs aides qu'on nomme *gardiens du port*. Il va à bord de tous les bâtimens qui arrivent, et rend compte au dey de la destination de ces bâtimens et de leurs chargemens : il transmet ensuite les ordres du dey aux capitaines de ces navires, et lorsqu'ils sont dans le port il les conduit devant le dey, qui les questionne selon son bon plaisir.

Le capitaine du port visite tous les bâtimens chrétiens qui sont en partance. C'est lui qui juge les différends qui ont lieu dans le port ; mais lorsque l'affaire est importante, il convoque l'amiral et tous les capitaines pour prendre leur avis ; après quoi il fait son rapport au dey qui approuve toujours son jugement.

Le *mezouar* est le grand bailli et le lieutenant-général de police ; il maintient la paix et le bon ordre à Alger. Une compagnie de gardes à pied ne reçoit d'instructions que de lui ; il veille à la tranquillité publique, accompagne les patrouilles pendant la nuit, et rend compte au dey, tous les matins, de ce qui s'est passé dans la ville.

Il a l'inspection et plein pouvoir sur les femmes de mauvaise vie, qui sont obligées de lui payer un tribut, sur lequel il donne tous les ans au dey 2,000 piastres sévilianes. Il tient séquestrées dans sa maison les femmes publiques, qui y sont divisées en différentes classes. S'il peut surprendre en flagrant délit une femme de la ville, il a le droit de la renfermer avec les autres, ou de la rançonner. Il loue ces femmes aux Turcs et aux Maures qui viennent les choisir chez lui, et qui, après le temps convenu, sont tenus de les lui ramener. Il accorde quelquefois à ces femmes la permission de sortir pour la journée, moyennant une petite rétribution.

Le mezouar est aussi le maître-bourreau; c'est toujours un Maure qui occupe cet emploi très lucratif, mais que tout le monde a en horreur.

CHAPITRE XII.

JUSTICE.

A Alger, la justice tant civile que criminelle est rendue sur-le-champ, sans écritures, sans frais, sans appel ; soit par le dey, le cadi, le Kaya; soit par le reis de la marine.

Les affaires les plus compliquées n'exigent que le temps nécessaire pour aller chercher les témoins et entendre leur déposition.

Le dey est visible à toute heure du jour pour recevoir les plaintes de ses sujets. Si celui qui en a appelé à sa justice se trouve convaincu de mensonge, il lui fait administrer la bastonnade sur la plante des pieds, et l'oblige en outre à satisfaire aux demandes de sa partie adverse.

En matière criminelle le dey prononce, et l'aga fait exécuter la sentence.

C'est devant le cadi que sont portées les causes relatives aux divorces et aux héritages : il décide toujours d'après le texte de la loi.

Les consuls étrangers jugent les gens de leur nation sans que personne, pas même le dey, puisse intervenir dans l'affaire.

Pour les choses d'une haute importance, le dey consulte le divan; mais en général il se soumet à cette formalité, plutôt pour être à l'abri de tout reproche que pour tenir compte des avis qu'on lui donne.

La justice, dans les états de la régence, n'est pas toujours rendue avec une égale équité : à cet égard comme à tous les autres, les Turcs jouissent d'une protection particulière : rarement on les punit de mort, si ce n'est pour révolte ou pour sédition : dans ce cas on les étrangle ou on les pend. Lorsqu'il s'agit d'une faute légère, ils sont mis à l'amende; ou, si les coupables sont officiers, on les dégrade : ils redeviennent alors simples soldats, et il leur faut recommencer entièrement leur carrière militaire.

La bastonnade est la punition la plus usitée; elle s'administre sur le ventre, sur les fesses ou sur la plante des pieds, depuis 30 jusqu'à 1200 coups, suivant la nature du délit. Bien que le patient expire souvent par suite de ce châtiment, la peine n'est point réputée *capitale*.

Les supplices les plus rigoureux sont réservés pour les Juifs et les Chrétiens qui parlent mal de Mahomet et de sa religion : s'ils ne se convertissent pas à l'islamisme, on les fait mourir sur le pal.

Ceux qui renoncent à l'Alcoran sont brûlés vifs, ou précipités du haut des murailles sur des crochets en fer.

Celui qui ôte la vie à un Turc ou qui trame un complot contre l'État est brûlé ou empalé.

Le châtiment des esclaves est laissé à la disposition de leurs maîtres, qui peuvent les punir de mort s'ils se sont enfuis.

On noie les femmes adultères, en les attachant à une corde, pour les retirer ensuite de l'eau.

Les banqueroutiers sont étranglés.

La même peine est infligée à un marchand qui vend avec de faux poids ou de fausses mesures. Quelquefois cependant, par grâce spéciale, il rachète son existence à prix d'or.

Si un Maure est surpris à voler, on lui coupe sur-le-champ la main droite, on la lui pend au cou, et on le promène ainsi sur un âne, la face tournée vers la queue.

L'exécution des Juifs et des Chrétiens a lieu à la porte Bab-Azoun.

Les Juifs convaincus d'avoir agi ou parlé contre le dey ou le gouvernement sont brûlés à la porte de Bab-al-Oued.

La police de la ville d'Alger est confiée à une garde prise parmi la nation des Biscaras: les individus chargés de ce service répondent de tous les vols qui peuvent être faits : lorsqu'ils sont convaincus d'y avoir prêté la main, ils sont pendus.

CHAPITRE XIII.

FINANCES.

La régence d'Alger a deux sortes de revenus; les fixes et les casuels. Les premiers se composent du tribut par tête que paient les Juifs, et des taxes levées sur les Maures et les Arabes, à proportion de leurs facultés : les revenus casuels sont le résultat des amendes, des exactions, du produit des prises, et des autres droits indiqués ci-dessous.

L'estimation des revenus de l'état est difficile à déterminer à cause de leur nature variable et de la forme de leur perception. Les droits sur les prises, par exemple, éprouvent de fréquentes modifications, et quelquefois il en est de même des impôts établis sur le blé, l'orge, les chevaux, les mulets, les chameaux, etc.

Une autre cause contribue à jeter de l'incertitude sur la quotité des revenus publics; ce sont les banqueroutes que les beys font au fisc. Toujours occupés de leur fortune particulière, ces commandans de province ne remettent bien souvent à la trésorerie d'Alger qu'une portion de leurs recettes : ils font même quelquefois passer toutes leurs richesses dans des pays éloignés, et finissent par s'enfuir pour aller jouir dans une retraite sûre des trésors qu'ils ont amassés.

Tassy évalue de la manière suivante les revenus de la régence, année commune :

REVENUS FIXES.

	PIASTRES COURANTES.	FRANCS.
Bey du Levant (Constantine)	120,000	300,000
Bey du Sud (Titteri)	50,000	125,000
Bey de l'Ouest (Trémecen)	100,000	250,000
Sommes levées par les caïtes sur le territoire d'Alger	50,000	125,000
Taxes sur les Juifs indigènes	12,000	30,000
Taxes sur les boutiques	10,000	25,000
Taxes sur le produit des terres	12,000	30,000
Droits sur les marchandises importées	12,000	30,000
Revenus de la ferme des cires, huiles et cuirs	12,000	30,000
Droits d'entrée	30,000	75,000
Droits de sortie	15,000	37,500
Porté ci-contre	423,000	1,057,500

	PIASTRES COURANTES.	FRANCS.
Report............	423,000	1,057,500
Impôts sur le sel......................	6,000	15,000
Droits payés par les émirs ou syndics des métiers........................	6,000	15,000
Droits payés par le mezouar pour les filles publiques................	2,000	5,000
Droits d'ancrage payés par le capitaine de port........................	1,000	2,500
Vente de différens emplois............	2,000	5,000
Tribut de la compagnie du Bastion de France (n'existe plus)............	»	«
Total..........	440,000	1,100,000

REVENUS CASUELS.

Sommes versées par le beït-el-maldji	60,000	130,000
Produit des prises...................	100,000	250,000
Vente des esclaves du gouvernement et droits sur la vente de ceux des particuliers..........................	50,000	12,500
Amendes et recouvremens illégaux..	10,000	125,000
Total général..........	660,000	1,650,000

Suivant Tassy, il faut ajouter à ces revenus les *garames* ou taxes payées en blé, orge, chevaux, mulets et autres produits nécessaires aux besoins du gouvernement, et porter, en outre, en recette les présens faits par les beys, les chrétiens et les juifs.

Nous allons maintenant faire connaître, d'après Shaler, l'état du trésor de la régence en 1822.

RECETTES.

	DOLLARS.	FRANCS.
Bey d'Oran — Taxes de la province...	60,000	325,800
— Droits d'exportation...	15,000	81,450
Bey de Constantine : taxes de la province............	60,000	325,800
Taxes des 7 caïdes dépendans du gouvernement général............	16,000	86,880
Sommes versées par le beït-el-maldji	40,000	217,200
—————— par le chéikh-el-beled.	3,000	16,290
Bey de Titteri : taxes de la province.	4,000	21,720
Le codjia-singié : taxe de sa charge.	4,000	21,720
Les codjias du deylik...... *idem*........	800	4,334
Taxe sur les Juifs................	6,000	32,580
Rentes du domaine national de la ville d'Alger................	40,000	217,200
Somme, payée par le gouvernement français pour le monopole de la pêche du corail à Bone............	30,000	162,900
Pour le fermage de la cire, des huiles et du cuir................	40,000	217,200
Droits d'importation............	20,000	108,600
Tribut de Naples...............	24,000	130,320
Tribut de la Suède............	24,200	130,320
Tribut du Danemark.........	24,200	130,320
Tribut du Portugal...........	24,200	130,320
Total général........	434,800	2,360,974

La régence reçoit en outre de différens chéikhs arabes 200,000 mesures de blé par an, et de chacun des beys d'Oran et de Constantine, 10,000 mesures d'orge. Ces grains servent à nourrir les marins, les soldats et les ouvriers occupés aux travaux publics.

DÉPENSES.	DOLLARS.	FRANCS.
Dépenses pour les ouvriers et artisans employés dans les chantiers........	24,000	130,320
Achat de bois de construction, de cordage, etc.................	60,000	325,800
Solde des officiers de marine et des matelots enrôlés..............	75,000	407,250
Solde des militaires de toutes classes..	700,000	3,801,000
Total général..........	859,000	4,664,370

Ce qui donne une balance de 424,000 dollars, ou 2,303,406 francs au désavantage du trésor.

On doit croire à l'exactitude de ces renseignemens, puisqu'ils ont été communiqués par une personne qui avait accès dans les archives du Gouvernement.

Si l'on compare les résultats donnés par Tassy, et ceux présentés par Shaler, on trouve que le premier porte les revenus de la régence à 1,650,000 fr., et le second à 2,360,974 francs; mais cette différence de 710,974 fr. provient sans doute des tributs payés alors par la France, Naples, la Suède, le Danemark et le Portugal, dont Tassy n'a point fait mention.

On croit généralement que l'État possède des richesses immenses, fruits des vols faits depuis plus de trois siècles sur le commerce du monde : on prétend aussi que ce trésor a dû considérablement s'accroître lors de la prise de Tunis par les Algériens. Cependant, il serait difficile d'estimer les sommes en numéraire et en pierreries renfermées dans le Cassaba. Shaler en porte la valeur à plus de 50 millions de dollars, ou 271,500,000 rancs. Un mémoire, envoyé au Gouvernement français en 1803, évalue à 100,000,000 fr. les espèces d'or et d'argent tenues en réserve par le Gouvernement. Quoi qu'il en soit, tous les auteurs s'accordent à dire que l'on ne retire jamais rien de ce trésor, qui est un objet sacré pour la population, et que, si la ville était menacée un jour, le dey ne songerait pas à le faire transporter dans l'intérieur du pays, parce qu'il craindrait, avec raison, de le voir devenir la proie des Maures. On a donc lieu de penser, avec Shaler, que la puissance qui s'emparerait d'Alger, trouverait dans cette ville un ample dédommagement aux dépenses qu'exigerait une entreprise contre la régence.

Monnaies. — Il y a dans le palais un hôtel des monnaies dirigé par des Juifs. On y frappe des pièces d'or et d'argent dont la valeur est très variable, parce que le dey les démonétise quand bon lui semble, et fait ajouter l'alliage qu'il veut dans les nouvelles pièces mises en circulation.

Les monnaies frappées à Alger suivant à peu près le même cours que celles de Constantinople, nous avons cru pouvoir prendre pour base la valeur de ces dernières, et nous nous trouvons en cela d'accord avec Boutin, qui donne au mouzzonné la valeur d'un décime 1/16.

Les monnaies d'or de la régence sont les *sequins, demi-sequins* et *quarts de sequins*; le *sequin zermaboub, demi-sequin zermaboub* et les *sultanins.*

Les monnaies d'argent consistent dans la *saïme,* la *piastre courante* d'Alger ou la *pataque-gourde,* la *piécette* ou *double-gourde,* la *demi-piécette,* les *mouzzonnés* et les *aspres.*

(*Voyez le Tableau ci-contre.*)

TABLEAU

DES MONNAIES D'ALGER.

NOMS DES MONNAIES.	VALEUR en FRANCS.		
MONNAIES D'OR.	f.	c.	m.
Le sequin d'Alger vaut 10 pataques-chiques......	8	35	2
Le sequin zermaboub vaut 10 pataques-chiques...	8	35	2
Le sultanin vaut 8 1/2 pataques-chiques.........	7	09	9
MONNAIES D'ARGENT.			
La piécette ou dobbla-gourda vaut 6 mouzzonnés	«	62	6
La 1/2 piécette ou temin-boudjou vaut 3 mouzzonnés	«	31	3
La mozone ou temin, ou réal-chique vaut 29 aspres..	«	10	4
La caroub ou 1/2 mouzzonné vaut 14 1/2 aspres.	«	05	2
L'aspre vaut....................................	«	03	6
MONNAIES IDÉALES.			
La piastre courante d'Alger ou pataque-gourde vaut trois pataques-chiques ou 24 mouzzonnés.	2	50	5
La pataque-chique vaut 8 mouzzonnés............	«	83	5
La saïme vaut 50 aspres.........................	«	18	«

NOTA.

Toutes les monnaies étrangères ont cours à Alger ; mais leur valeur varie comme celle des marchandises et est cotée chaque jour.

Prix moyen d'une journée de travail. — Le prix moyen d'une journée d'un maître ouvrier est, dans toutes les saisons, de 30 à 35 sols.

La journée d'un manœuvre, d'un laboureur, etc., se paie 15 à 18 sols, vivres compris.

Prix moyen des principaux objets nécessaires à la vie. —Boutin a évalué de la manière suivante le prix des principaux objets nécessaires à la vie (année 1808).

Blé, 10 francs le quintal.
Bœuf, 8 sols la livre.
Mouton, 10 sols, *id.*
Une volaille, 1 fr. 4 s.
Une paire de pigeons, 10 s.
Un œuf, 1 s. 1/2.

La cherté des vivres date de l'année 1790, à cause de la paix avec l'Espagne qui jeta en Afrique une quantité considérable de numéraire. Depuis cette époque, différentes choses ont triplé de valeur. On doit aussi attribuer le renchérissement des subsistances à l'administration du pays, qui, n'entendant pas les vrais intérêts de l'État, a toujours découragé l'agriculture.

Le poisson n'a aucun prix fixe; mais en général il n'est pas cher. Les Juifs et les Chrétiens sont les seuls qui en mangent.

Le prix des légumes et des fruits dépend de leur abondance.

Le gibier est à très bon marché, surtout les lièvres et les perdrix.

L'huile vaut 5 sols la livre : elle vient des montagnes. Autrefois Tunis devait en fournir tous les ans une certaine quantité à la régence; mais depuis que cette ville s'est affranchie de ce tribut, on serait embarrassé pour s'en procurer, si les Kabaïles cessaient d'en apporter à Alger.

CHAPITRE XIV.

INSTRUCTION PUBLIQUE.

Il existe à Alger un assez grand nombre d'écoles publiques pour les enfans de cinq à six ans et au dessus. On est porté à croire que la méthode d'enseignement en usage dans les états de la régence est l'origine du système d'instruction à la Lancastre. Chaque enfant est pourvu d'une planchette, sur laquelle il écrit avec de la craie. Un verset du Coran est transcrit par l'un d'eux sur sa planchette en très grands caractères, et les écoliers copient cette leçon en s'aidant mutuellement à connaître et à former les lettres du texte : le verset est ensuite récité à haute voix au maître, qui, assis dans un coin de la salle d'étude, tient en ses mains une longue baguette, avec laquelle il maintient l'ordre et l'attention parmi ses écoliers. Les enfans, comme on le voit, apprennent simultanément à lire et à écrire, et l'on conçoit, d'après ce mode d'enseignement, la grande uniformité qui caractérise toutes les écritures arabes. L'éducation de la jeunesse algérienne est complète, lorsqu'elle sait lire et écrire le Coran, et lorsqu'elle connaît les différentes formes de prières.

Il y a pour les filles de semblables écoles, dirigées par des femmes.

Depuis plusieurs siècles, les Mahométans ont fort négligé les arts libéraux et mécaniques. La vie errante des Arabes, et la manière tyrannique avec laquelle les Turcs traitent les Maures, ne permettent pas à ces peuples de cultiver les sciences.

Tous les habitans des états d'Alger sont en général d'une grande ignorance ; non seulement les parties abstraites des mathématiques leur sont étrangères, mais parmi eux il y a à peine un individu sur 20,000, qui sache les premières règles du calcul. On trouve cependant beaucoup de marchands fort habiles à faire de tête l'addition ou la soustraction des plus grandes sommes. Ils ont une singulière manière de compter : ils mettent les mains dans la manche l'un de l'autre, et par des attouchemens successifs sur tel doigt ou telle jointure, ils expriment tous les nombres voulus; les affaires les plus considérables sont traitées de cette façon, sans dire un seul mot, et sans que les témoins puissent être instruits des arrangemens qui ont été conclus en leur présence.

La musique de chant des Bedouins ne consiste pour ainsi dire qu'en un seul air. Leurs instrumens sont d'une simplicité extrême : l'*arabebbah* qui se compose d'une vessie, sur laquelle est tendue une corde; le *gaspach* qui est une espèce de chalumeau, et le *tarr*, le *tympanum* des anciens.

La musique des Maures est moins barbare ; la plupart de leurs airs sont vifs et agréables ; leurs instrumens sont aussi plus perfectionnés. Outre plusieurs sortes de flûtes et de hautbois, ils ont le *rebebb*, violon à deux cordes; l'*aoude*, ou luth de basse à deux cordes, et plusieurs petites guitares ou *quetaras* de différentes grandeurs. Il règne beaucoup d'ensemble et d'harmonie dans leurs compositions; tous les morceaux s'exécutent par cœur, et ils les savent si bien, que 20 ou 30 personnes peuvent faire de la musique une nuit entière, en changeant continuellement de motifs, sans jamais se tromper, ni jouer faux.

De tous les arts, celui que les Maures entendent le mieux, est l'architecture. On retrouve dans le pays d'Alger les constructions élégantes, et riches d'ornemens, dont les Maures ont laissé tant de traces en Espagne.

De même que dans le Levant, de grandes portes, des appartemens spacieux, des pavés de marbre, des cours cloîtrées, ornées quelquefois de jets d'eau, sont ce qui distingue surtout les constructions particulières. Ces différentes dispositions conviennent parfaitement à la nature du climat et aux mœurs des habitans.

L'humeur jalouse des hommes exigeant que toutes les fenêtres regardent sur une cour intérieure, un balcon garni d'un treillage fort serré est le seul jour pratiqué du côté de la rue.

A l'entrée des maisons, on trouve d'abord un porche avec des bancs des deux côtés ; c'est là que le chef de famille reçoit ceux qui ont à lui parler, et expédie ses affaires ; vient ensuite une cour ouverte qui, suivant la fortune du propriétaire, est pavée de marbre ou d'autres pierres polies. En été, et toutes les fois que de nombreuses visites sont attendues, l'on garantit cette cour de l'ardeur du soleil, au moyen d'une toile appelée *umbrella*, qui, fixée par des cordes au mur d'enceinte, peut être pliée ou étendue suivant qu'on le juge convenable. Autour de cette cour règne un cloître qui donne entrée dans les appartemens. Les pièces sont en général très vastes ; rarement elles communiquent entre elles : une de ces chambres sert souvent de domicile à une famille entière.

A l'extrémité de chaque appartement on remarque une estrade élevée de 4 à 5 pieds, sur laquelle les Maures placent leurs lits : elle est entourée d'une balustrade.

Chez les gens riches, les chambres, depuis le plancher jusqu'à moitié de leur hauteur, sont tapissées de velours ou de damas; le reste du mur est chargé de toute sorte d'ornemens en stuc ou en plâtre. Le plafond est ordinairement boisé et peint avec beaucoup d'art; les planchers sont de briques ou de plâtre, et presque toujours couverts de tapis.

Les escaliers se trouvent sous le porche ou à l'entrée de la cour, mais jamais dans l'intérieur des maisons.

Les toits des habitations sont plats et bordés, sur la rue et sur la cour intérieure, de murs à hauteur d'appui.

Les Arabes donnent à leurs maisons le nom de *dar* ou *beït*; les petits bâtimens qui en dépendent souvent, et qui servent de magasins, s'appellent *odah*.

Les mosquées (en arabe *mesg-djid*) sont construites comme nos églises. Il n'y a point de siéges dans l'intérieur, mais le pavé est recouvert avec des nattes. Vers le milieu du vaisseau, surtout dans la principale mosquée de chaque ville, est une espèce de grande chaire élevée de quelques marches, et entourée d'une balustrade : c'est là que se place chaque vendredi le mufti ou un iman, pour exhorter le peuple à la piété et aux bonnes œuvres. La façade des mosquées qui regarde la Mecque s'appelle le *kiblah*; les Mahométans, lorsqu'ils font leurs prières, ont toujours le visage tourné de ce côté. Dans la partie opposée, il y a une tour carrée sur laquelle un crieur monte à différens instans du jour, pour annoncer au peuple les heures de la prière.

Les maçons maures préparent une espèce de mastic (*chenam*) pour enduire l'intérieur des citernes, qui est meilleur qu'aucun de ceux connus; il se compose d'un mélange à parties égales de briques pulvérisées, de chaux et de cendres de bois; on délaie toutes ces substances ensemble avec de l'huile. Ce mastic durcit immédiatement à l'air, et sous l'eau il ne se fend jamais.

Voici la composition d'un ciment employé également par les Algériens dans la construction des citernes et des terrasses.

Ils prennent deux parties de cendres de bois, trois de chaux, et une de sable : ils passent ces substances au tamis, les mêlent bien ensemble, et battent ensuite le tout avec des maillets de bois pendant trois jours et trois nuits, jusqu'à ce que le ciment ait pris une grande consistance. Pendant l'opération, ils humectent le mélange avec de l'eau et de l'huile.

CHAPITRE XV.

ÉTABLISSEMENS DE BIENFAISANCE.

Nous n'avons pu nous procurer des documens relativement à ce chapitre : aucun auteur ne paraît s'être occupé du sujet qu'il concerne, et l'on ignore même si dans les états du dey il existe quelque établissement de bienfaisance. Underhill est le seul qui parle d'un hôpital où il a été employé lorsqu'il était esclave à Alger.

CHAPITRE XVI.

AGRICULTURE.

Nature des terres. — Le sol de cette partie de l'Afrique produit toute espèce de grains et de légumes, et rapporte 8, 10 et même 16 pour 1.

Quoique la nature n'ait pas traité en marâtre le pays qui fixe en ce moment notre attention, plus des deux tiers de ce territoire sont cependant en friche.

Les Maures ont porté de préférence la culture dans les localités montagneuses : ces parties sont en effet plus fertiles, plus saines et plus riantes; elles n'offrent pas autant de difficultés pour l'exploitation que les plaines sablonneuses et brûlées du voisinage des côtes, et il y pleut beaucoup plus souvent en été.

État de l'agriculture. — Dans tous les états de la régence, la culture est généralement fort négligée. Jamais les Algériens n'emploient d'engrais : ils se contentent de mettre le feu aux chardons et aux mauvaises herbes. La première année, ils sèment du froment; la seconde, de l'orge, et la troisième, des légumes. On voit, d'après cela, que la culture est triennale, et que la terre ne se repose jamais.

La charrue se compose d'un morceau de bois de 5 à 6 pieds de long, gros comme le bras, dans lequel un autre, à peu près de même dimension, se trouve enchâssé; la partie qui doit former le soc est durcie au feu. Un cheval, un mulet ou une vache, traîne cette charrue, qu'un homme dirige; elle ne fait pour ainsi dire qu'effleurer la superficie du sol.

Époques des semailles et des récoltes.—Décembre ou janvier est l'époque des semailles : la récolte a lieu en juin. Aussitôt après la moisson, le blé est séparé de la paille : on fait pour cela courir sur les épis des mules ou des chevaux. Les habitans qui veulent conserver leur récolte ou qui ont intérêt à la cacher, l'enterrent dans des fosses appellées *matamores*, qui sont garnies de planches et de paille; le grain, recouvert alors de plusieurs pieds de terre, se conserve parfaitement pendant plusieurs années.

Les Algériens font une assez grande quantité d'huile d'olive; mais elle a toujours un mauvais goût, parce qu'ils laissent fermenter le fruit avant d'en extraire l'huile.

On récolte aussi du tabac dans certains cantons; mais on ne sait pas le préparer.

Les Maures cultivent la vigne d'une manière particulière : en avril, ils coupent tous les ceps et ne laissent que la souche qui produit la même année des grappes d'une grosseur remarquable. Quelques personnes seulement achètent de ce raisin pour faire du vin; mais, en général, on le convertit en vinaigre. Le vin est extrêmement capiteux.

Vers l'an 1791, les troubles occasionés par les vexations du dey, des beys et des autres autorités locales, ont porté un grand nombre d'habitans à aller chercher un refuge dans les montagnes d'un accès difficile; là, au milieu de rochers sur lesquels ils sont souvent obligés de rapporter de la terre, ils ne cultivent que ce qu'il leur faut pour leur nourriture.

raux; les plus belles pêcheries de ce madrépore sont au Bastion de France et à La Calle.

Rivières et sources salées, marais salans, etc. — Outre les mines de sel gemme qui sont très abondantes, on trouve presque dans chaque district des sources, des rivières, des ruisseaux ou des étangs salés. Nous citerons particulièrement le *Oued-el-Mailah*, sur la frontière occidentale de la régence; la *Serratt*, qui coule à la partie occidentale; l'*Hammam-Mellouan*, à 9 lieues sud-sud-est d'Alger; le *Beni-Abess*, qui traverse le district de Biban; l'*Urbyah*, près du *Titteri-duch*; celle qui vient du *Djebel-Ousgarr*, dans le voisinage de Constantine; la *Mailah*, qui tombe dans le marais de *Chott*, vis-à-vis *Messilah*; la *Barikat*, qui passe à Nickouse; la *Gobarta*, sur les confins du Biled-ul-Djerid.

On rend l'eau du Gobarta douce et potable en la faisant filtrer à travers du sable; mais celle des autres rivières ne devient pas meilleure en employant le même moyen. Les Arabes s'accoutument à boire les eaux nitreuses.

A cinq milles au sud d'Arzeo, il y a une grande étendue de terrain couverte de salines : c'est là que viennent s'approvisionner de sel les tribus du voisinage. Ces salines sont entourées de montagnes qui forment un bassin d'environ six milles de circonférence. En hiver, toute cette surface présente l'aspect d'un vaste lac, mais en été l'eau s'évapore entièrement, et le sel se cristallise. On appelle communément ces plaines *sibrah* ou *chibrah*, c'est-à-dire, morceau de terre salée; quelques sibrahs ont un fond solide et ferme, d'autres, au contraire, telles que celles d'Oran, ont un fond marécageux et peu praticable.

On dit les salines du marais de Chott, et celles du Sahara et des environs, de la nature de ces dernières.

Arts mécaniques. — Les arts mécaniques sont organisés en corporations; chacune d'elles est soumise à la raux; les plus belles pêcheries de ce madrépore sont au Bastion de France et à La Calle.

Rivières et sources salées, marais salans, etc. — Outre les mines de sel gemme qui sont très abondantes, on trouve presque dans chaque district des sources, des rivières, des ruisseaux ou des étangs salés. Nous citerons particulièrement le *Oued-el-Mailah*, sur la frontière occidentale de la régence; la *Serratt*, qui coule à la partie occidentale; l'*Hammam-Mellouan*, à 9 lieues sud-sud-est d'Alger; le *Beni-Abess*, qui traverse le district de Biban; l'*Urbyah*, près du *Titteri-dich*; celle qui vient du *Djebel-Ousgarr*, dans le voisinage de Constantine; la *Mailah*, qui tombe dans le marais de *Chott*, vis-à-vis *Messilah*; la *Barikat*, qui passe à Nickouse; la *Gobarta*, sur les confins du Biled-ul-Djerid.

On rend l'eau du Gobarta douce et potable en la faisant filtrer à travers du sable; mais celle des autres rivières ne devient pas meilleure en employant le même moyen. Les Arabes s'accoutument à boire les eaux nitreuses.

A cinq milles au sud d'Arzeo, il y a une grande étendue de terrain couverte de salines : c'est là que viennent s'approvisionner de sel les tribus du voisinage. Ces salines sont entourées de montagnes qui forment un bassin d'environ six milles de circonférence. En hiver, toute cette surface présente l'aspect d'un vaste lac, mais en été l'eau s'évapore entièrement, et le sel se cristallise. On appelle communément ces plaines *sibrah* ou *chibrah*, c'est-à-dire, morceau de terre salée; quelques sibrahs ont un fond solide et ferme, d'autres, au contraire, telles que celles d'Oran, ont un fond marécageux et peu praticable.

On dit les salines du marais de Chott, et celles du Sahara et des environs, de la nature de ces dernières.

Arts mécaniques. — Les arts mécaniques sont organisés en corporations; chacune d'elles est soumise à la juridiction d'un chef nommé *amin*, dont l'autorité est très étendue et très arbitraire.

Les Algériens ont beaucoup d'intelligence pour la maçonnerie, mais ils montrent moins d'aptitude pour les autres arts mécaniques, tels que ceux de charpentier, menuisier, tonnelier, cordonnier, etc.; les états d'horloger et de bijoutier ne sont exercés que par les étrangers.

Les Algériens exécutent des broderies avec beaucoup de goût et de netteté; les Européens en font un très grand cas.

Les établissemens industriels d'Alger consistent principalement en manufactures de cuirs, d'étoffes de soie et de laine.

On tire, chaque année, du Levant, pour environ 40,000 francs de soie brute, avec laquelle on fabrique des velours, des chales, des mouchoirs, des ceintures, des étoffes pour turbans, des franges d'or et quelques autres articles pour la consommation intérieure. Ces produits sont plus chers qu'en France et en Angleterre, mais infiniment supérieurs pour le tissu et les couleurs à ceux confectionnés en Europe.

Les villes de Nedrôme et de Cherchel sont renommées pour leurs poteries; Bougie, pour ses fers de charrue et autres instrumens aratoires; El-Callah et les villages voisins, pour les tapis et les étoffes de laine.

Les Kabaïles des environs de Bougie fabriquent quelques coutelleries et de l'acier.

On confectionne aussi, dans le pays, des bonnets et des ceinturons en laine, des draps grossiers, des haïks, des burnouses, une grande variété de nattes, dont quelques unes sont d'une beauté rare, et toutes sortes de paniers pour les usages domestiques.

Les tanneurs préparent très bien les cuirs, et excellent surtout dans la manière de les teindre.

Les Kabaïles, les Arabes et les Maures tissent eux-mêmes des haïks et des burnouses, ainsi qu'une étoffe de poil de chèvre dont ils se servent pour couvrir leurs tentes : les femmes seules se livrent à ce genre d'occupation; elles ne font point usage de navettes, et conduisent, avec leurs doigts, chaque fil de la trame.

CHAPITRE XVIII.

COMMERCE.

N'ayant pu nous procurer aucun détail sur la quantité des produits du territoire d'Alger, nous nous bornerons à faire connaître en quoi consistent les exportations du pays : en comparant ces résultats aux importations, il sera possible de se faire une idée assez exacte de la nature des ressources en tous genres des états de la régence.

Exportations et importations. — Les principaux produits exportés sont :

Froment, orge, pois chiches, fèves, blé de Turquie ou maïs, riz (il est d'une qualité médiocre), cire, miel, huile, olives, oranges, citrons, figues, un peu de dattes, raisins, noix, tabac, vermillon, essence de rose, toiles grossières, cotons, brocards d'or et d'argent, taffetas, mousselines, plumes d'autruche, cuirs, laines, bœufs, moutons, chèvres, etc.

Dans certaines années, il a été vendu à Bone jusqu'à 800,000 mesures de grains, et 16,000 quintaux de laine pour la seule compagnie d'Afrique; mais ce commerce est bien tombé.

TABLEAU
DES OBJETS EXPORTÉS ET DES LIEUX D'EXPORTATION.

LIEUX d'exportation OU MARCHÉS.	OBJETS EXPORTÉS et QUANTITÉ MOYENNE PAR AN.	OBSERVATIONS.
Alger	Les blés, biscuits, etc., avariés, provenant des magasins publics. (On ignore la quantité.)	L'exportation qui a lieu à Alger se fait entièrement pour le compte du dey : il donne en conséquence aux négocians des permissions particulières ; mais ces permissions s'outrepassent ordinairement de beaucoup.
La Calle	60 à 80,000 mesures de grains.	
Bougie	3,000 millerolles d'huile, mesure de Marseille ; cire.	
Tedelis	50,000 mesures de grains, ou 4 chargemens.	
Arzeo, Oran, Mebzalquivir	300,000 mesures de grains.	
Bone	Tout ce qui provient de l'arrondissement de Constantine, blé, laine, etc ; 6 à 800,000 mesures de blé, et 12 à 16,000 quintaux de laine.	
Hamise, Cap Tenès, Coleah, Djennet, Stora	Il y a, sur ces différens points, des marchés de grains, mais on ignore quelle quantité est exportée.	Coleah est le marché le plus considérable.
Constantine	Fait, avec Tunis et les Arabes du Sahara un commerce assez considérable ; ceux-ci achètent quelquefois jusqu'à 200,000 mesures de blé dans un an.	Constantine exporte aussi des laines, de la cire et des cuirs ; mais ces produits ont été compris parmi ceux qui s'embarquent à Bone.
Zuffoune	Marché de charbon.	

8.

Alger reçoit différens produits de Smyrne, de Damas et d'Egypte. Cet état tire de l'Europe, et surtout de la France, les draps, toiles, mousselines, indiennes, étoffes de soie, velours; la quincaillerie, le fer-blanc, l'acier, l'alun, le plomb, l'étain, les outils des principales professions; etc. Quant aux matériaux pour la marine et aux munitions de guerre, ces objets viennent particulièrement du Nord.

IMPORTATIONS.

Sucre.
Café.
Cochenille.
Poivre.
Poivre giroflé.
Girofle.
Cannelle.
Gingembre.
Alun d'Angleterre.
Alun de Rome.
Draps de Sédan.
Draps d'Elbœuf.
Vins.
Draps anglais.

Dorures.
Mouchoirs de soie de Catalogne.
Soie de Syrie.
Soie de Brousse.
Soie de Provence.
Soie de Côte-Nouée.
Toileries de toutes sortes.
Fil de Salo.
Fer.
Quincaillerie.
Peignes de bois.
Vieilles cardes.
Riz.

Navigation fluviale. — Le Chelliff et le Suflimar sont les deux seuls cours d'eau qui peuvent servir à la navigation intérieure des états de la régence; encore, croit-on que la première de ces rivières ne porte que de très petites embarcations, et seulement près de son embouchure: quant au Suflimar, il est navigable depuis Constantine jusqu'à la mer.

Poids et mesures usuels. — Le quintal d'Alger vaut.................. 130 livres de Marseille.

Celui de Bone.... 120 *id.* *id.*
La mesure vaut.... 90 *id.* *id.*

Trois mesures valent 300 livres de France, ou 3 quintaux de Paris.

Le pic, mesure de longueur, est le même qu'à Constantinople; il égale 22 pouces de France à peu près.

CHAPITRE XIX.

COMMUNICATIONS.

Les Maures n'ont point ouvert de route dans l'intérieur du pays : on n'y trouve que des sentiers si multipliés, et qui se coupent de tant de manières, qu'il faut avoir une grande connaissance des localités pour ne pas s'égarer à chaque pas. Il n'existe plus que quelques vestiges des anciennes chaussées romaines.

Les chemins sont, en général, mauvais, surtout dans la saison des pluies. Il est vrai de dire que les habitans, allant toujours à cheval ou à mulet, et toutes les marchandises se transportant à dos de bêtes de somme, ils ne sentent pas le prix des routes larges et bien ferrées.

Le mémoire du capitaine Boutin et l'ouvrage de Shaler fournissent les détails suivans sur les communications des environs d'Alger.

Le chemin d'Alger à Sidi-el-Ferruch, en suivant le bord de la mer, est praticable pour les voitures, jusque un peu au delà de la campagne du dey. De ce point au cap Caxines, ce n'est plus qu'un sentier, traversé par plusieurs ravins, bon pour un homme à cheval. Du cap, à Sidi-el-Ferruch, ce sentier n'existe pour ainsi dire plus; il faut aller comme au hasard, à travers les broussailles.

Un chemin, partant du Cassaba, descend à peu près parallèlement à la côte, jusqu'au fond du ravin, qui reçoit toutes les eaux des collines environnantes et que l'on nomme *El-Oued,* traverse ce ravin et va aboutir aux carrières qui fournissent à la ville des pierres de construction.

Un chemin inégal, raboteux, et en partie pavé, conduit du Cassaba au château de l'Empereur : la distance est d'environ 900 mètres, d'après le plan de Boutin. Du château de l'Empereur, dans une direction O. 1/4. S. O. à la baie de Sidi-el-Ferruch, la distance est d'environ 3 lieues 1/2 : Shaler dit l'avoir parcourue à cheval, d'un pas modéré, en 3 heures. Pendant les 2 premières lieues, la route traverse un pays peu couvert, fertile et légèrement ondulé ; on y trouve plusieurs sources distantes l'une de l'autre de 800 mètres au plus. Des dernières sources au Marabout de Sidi-el-Ferruch, cette route prend une direction O.-N.-O., et traverse pendant 1 lieue 1/2 un pays stérile, sablonneux et couvert de broussailles. Dans toute sa longueur, ce chemin est praticable à l'artillerie et à toute espèce de voitures.

Du café situé sur le chemin de l'Empereur, ou chemin romain, part un embranchement qui, pendant un quart de lieue, peut être suivi par les voitures. Il se divise ensuite en différentes branches, qui ne sont plus que des sentiers.

Le chemin de Constantine, au sortir de la porte de Bab-Azoun, longe d'abord le rivage sur une distance d'environ une demi-lieue ; il s'en écarte ensuite, en continuant sa direction vers le sud. Il est praticable à l'artillerie jusqu'à son débouché dans la plaine de Metidjiah, et même à travers cette plaine jusqu'à Blida ou Belida ; là, il se divise en différentes branches qui conduisent à Oran, Titteri, etc., et qui ne sont plus que des sentiers, surtout à travers les montagnes en arrière de Blida. D'après cette dernière circonstance, on voit que ce chemin est tout en faveur de la défensive.

Le chemin d'Alger au cap Matifouz, en suivant le

bord de la mer et traversant l'Aratch, est assez bon, quoiqu'il offre plusieurs parties sablonneuses. L'artillerie pourrait aller de la ville jusqu'aux ruines voisines du cap; et effectivement ce chemin a été suivi par les équipages de siége, dans plusieurs expéditions dirigées contre Alger. Des ruines au château de l'Empereur, quelques réparations seraient indispensables.

Les autres chemins qui aboutissent à Alger sont plus mauvais que ceux dont nous venons de parler; cependant, sur presque tous les points, il ne serait ni difficile ni bien coûteux de créer d'assez bonnes communications.

Les Maures évaluent les distances d'un lieu à un autre, par le nombre de journées de marche.

ITINÉRAIRE D'ALGER A CONSTANTINE.

On compte, d'Alger à Constantine, 80 fortes lieues au moins, qu'on divise en 10 journées.

On ne rencontre, sur toute cette route, qu'une vingtaine de hameaux de 10 à 15 cabanes, pouvant contenir chacune 8 à 10 personnes.

1re journée. Après la plaine de Metidjiah qui ne présente aucune difficulté, on traverse la montagne en arrière. Ce passage dure 6 heures. Cette montagne est en général pierreuse; le bas du côté opposé à Alger commence à être cultivé.

2e journée. On descend pendant quelque temps la Zeitoune (rivière des oliviers), dont la rive gauche est bordée par une montagne. On passe plusieurs fois cette rivière à gué; il n'y a pas de pont; dans le temps des pluies, il faut la remonter pour pouvoir la traverser; les crues durent peu. Cette partie du chemin est généralement impraticable aux voitures.

3e journée. On traverse le Petit-Atlas, dont le passage n'est pas très difficile; vient ensuite l'Arbatach qu'on traverse 14 fois, et qui se jette dans la Zeitoune, à 3 ou 4 lieues de la mer, près la montagne Jurjura. Montagnes à gauche; terrain ondulé et cultivé.

4ᵉ journée. Passage des Portes-de-Fer; il dure 6 heures. C'est une vallée très étroite et très profonde, bordée de chaque côté de montagnes de pierres coupées à pic; il y a sept points où un mulet peut à peine passer.

5ᵉ journée. Collines, vallons, petits précipices : chemin à mulet, dont quelquefois le fond est pierré, mais le plus souvent sur terrain naturel; là commence la bonne culture.

6ᵉ journée. Mêmes chemins : quelques plaines; meilleure culture et meilleure terre; une quantité plus considérable d'oliviers, de troupeaux et de grains. Arabes ambulans.

7ᵉ journée. Montées et descentes; là finissent les bois et les montagnes; ils s'éloignent à droite.

8ᵉ, 9ᵉ et 10ᵉ journées. Plaine fort belle; terre excellente; troupeaux remarquables; mulets.

Dans l'état actuel des choses, il n'y a qu'un quart de toute cette distance qui soit praticable aux voitures.

En côtoyant la mer, le chemin est beaucoup plus long; on court aussi les risques de rencontrer des lions, léopards, panthères, etc.

ITINÉRAIRE DE CONSTANTINE A BONE.

30 lieues presque toute plaine, à quelques ondulations près. Bonne terre, bonne culture; l'une et l'autre s'améliorent encore en s'approchant de Bone.

Dans les 10 dernières lieues, on rencontre quelques parties de bois, d'oliviers sauvages, sapins, lentisques, etc.

A moitié chemin, rivière de Seïbouse, sans pont;

elle a 80 à 100 mètres de large, et n'est pas guéable dans les temps de pluie. Elle est navigable pendant les trois dernières lieues de son cours.

On ne va d'Alger à Bone qu'en passant par Constantine.

Sur la route par les hauteurs, on trouve beaucoup de restes d'antiquités ; à moitié chemin, source d'eau minérale ; très beau reste d'un édifice romain ; à 6 lieues de Constantine, autre source minérale sur le sommet d'une colline très élevée.

Le chemin est praticable aux voitures pendant les 10 premières et les 10 dernières lieues.

ITINÉRAIRE D'ALGER A ORAN.

70 à 80 lieues ; neuf journées.

1re journée. Plaine de Metidjiah.

2e journée. Gorge assez profonde, n'ayant en certains endroits que 20 à 30 mètres de large ; le passage de ce défilé dure 5 heures. Beaucoup d'oliviers sauvages.

Dans cette plaine coule l'Ouedger ou Ma-za-fran qui se réunit au Sebet, dans la plaine de Metidjiah, à 4 lieues de la mer. On remonte et on passe 12 fois cette rivière ; elle n'a pas de pont. Pendant quelques heures, plaines ou légers côteaux ; puis une montagne très élevée, dont la montée et la descente durent chacune 1 heure 1/2 ; au sommet est une source d'eau vive ; on y a construit une fontaine et un bassin. C'est un très beau point de vue ; on y découvre des plaines immenses au sud et à l'ouest; on voit aussi le Chelliff qui serpente dans la plaine. On fait 3 lieues en plaine, un peu à gauche est Miliana, petite ville bâtie sur l'emplacement de l'ancienne Malliana; on y trouve encore des ruines.

Il descend, des montagnes qui sont à droite et bordent la mer, une assez grande quantité d'eau qui sert aux irrigations. On cultive beaucoup de riz, ce qui rend le pays malsain. Les habitans logent sous la tente.

3e, 4e, 5e, 6e, 7e et 8e journées. Continuation de la même plaine jusqu'à Oran. Il y a quelques ondulations et légers côteaux ; très belle plaine ; riz ; grains.

A 8 lieues de Miliana, on passe le Chelliff. Il n'est pas toujours guéable, et pourrait porter bateau. Il a environ 40 mètres de large. Il existe encore sur cette rivière cinq arches d'un ancien pont romain.

On trouve ensuite une douzaine de courans, dont voici les principaux :

A 4 heures du Chelliff, l'Oued-Fodda (rivière de l'argent) assez considérable.

5 *id.* de ce dernier point l'Oued-Roumma (rivière des poissons), petite, presque à sec en été.

3 *id.*   *id.*   l'Oued-Chiffa ; 20 à 24 mètres de large.

10 *id.*   *id.*   l'Oued-Mina, presque aussi forte que le Chelliff ; belle cascade de 15 à 16 mètres au moins.

5 *id.*   *id.*   Seig, petite rivière dans une plaine ; elle sert aux irrigations.

A 9 heures de marche du Chelliff, plaine de Habrah et rivière du même nom. Camp du bey en hiver ; environ 200 hommes. Coton, oliviers.

Tous les cours d'eau cités ci-dessus se jettent dans le Chelliff par la rive gauche. Les empiétemens de ce fleuve ont mis à découvert les fondations de plusieurs édifices d'une ancienne ville.

A deux journées de Miliana, sur la rive droite du Chelliff, sont les restes d'un ancien et grand aquéduc ; à 1 heure 1/2 de là, on trouve beaucoup de tronçons de colonnes.

Deux lieues plus loin, restes de remparts souterrains, magasins, citernes, etc.; bassin carré de 12 pieds de côté sur 4 de profondeur, formé de 4 pierres seulement, et portant une inscription latine.

ITINÉRAIRE D'ARZEO A MOUSTAGAN.

Dix fortes lieues; on côtoie le rivage; bonne culture; chemin praticable aux voitures.

ITINÉRAIRE DE MOUSTAGAN A ORAN.

3 à 4 journées : chemins bons pour l'artillerie.

ITINÉRAIRE D'ORAN A TRÉMECEN.

30 fortes lieues.

Pays plat, sauf quelques collines et côteaux; terre noire, très bonne et bien cultivée.

A 10 lieues, pays des Beni-Hammer, divisés en 12 tribus. Beau blé; beaucoup de chameaux, bœufs, moutons, chèvres, etc.

A 5 lieues de Trémecen, montagnes assez élevées couvertes de bois; sapins sauvages. Au pied de ces montagnes, source d'eau presque bouillante, et à 2 lieues plus loin, autre source froide à la glace.

A une journée de Trémecen, mine de cuivre; à 2 lieues de là, bois très considérable, chênes, sapins et oliviers. On y trouverait de bonnes pièces de construction.

Les chemins sont praticables aux voitures; dans tous les cas, elles pourraient aller à travers champs.

ITINÉRAIRE D'ARZEO A MASCARA.

16 à 20 lieues.
1re journée. Plaine.
2e   id.   Source d'eau minérale; rivière des bains (Hammam); elle est assez considérable; elle serait na-

vigable en hiver; il n'y a point de pont. Assez bonne culture.

De la rivière à Mascara on monte toujours; ce chemin n'est pas praticable aux voitures.

Toutes les rivières dont nous venons de parler sont généralement bordées de bois taillis, saules etc.; elles sont poissonneuses, mais le poisson est d'une mauvaise qualité, et chargé d'arêtes. Les Arabes pêchent avec leurs manteaux au lieu de se servir de filets qu'ils ne connaissent pas.

Mascara était autrefois la résidence du bey d'Oran: bonne eau; air sain; belle vue.

D'Alger à Moustagan, on compte... 6 journées.
  Id. à Titteri.................... 4 id.
  Id. à La Calle, par Constantine, 14 id.
  Id. à Bougie.................... 6 id.

Communications par eau. — La navigation fluviale est presque nulle; cependant, de Constantine à la mer, on se sert avantageusement du cours du Ouadi-el-Kebir.

TROISIÈME PARTIE.

CONSIDÉRATIONS MILITAIRES.

CHAPITRE XX.

GUERRE.

Limites avec les États voisins. — Les limites naturelles de la régence d'Alger avec les états voisins sont déterminées, du côté de Maroc, par un des contreforts du Petit-Atlas; du côté de Tunis, par la rivière de Zaine ou El-Berber, qui fixe, vers le littoral, la démarcation des deux états; au sud, par l'Atlas et le Sahara.

La Méditerranée baigne la partie nord de cet état, sur une étendue de plus de 200 lieues. Nous allons nous occuper particulièrement de cette dernière frontière, qui est la plus intéressante par rapport à la France; mais des considérations faciles à apprécier nous empêcheront de parler ici de ce qui est relatif aux moyens d'attaque: les renseignemens que nous pourrions donner à cet égard seraient, ou trop vagues pour offrir quelque intérêt, ou trop positifs pour être rendus publics.

Nous commencerons par jeter un coup d'œil sur la ville d'Alger et ses environs, considérés sous le rapport militaire.

Système de défense. — L'enceinte d'Alger a presque la forme d'un triangle équilatéral, dont un côté s'appuie à la mer, et dont les deux autres s'élèvent par différens ressauts sur l'extrémité d'une colline inclinée de 15, 20 ou 25 degrés. Cette colline appartient à un massif de hauteurs très prononcées, dont le point culminant est le poste d'observation de la marine, et dont la pente générale s'étend, au sud, circulairement par des rayons de 3 à 6 lieues jusqu'à la plaine de Métidjiah; à l'est, jusqu'au cap Matifouz, et à l'ouest par une pente assez douce, jusqu'au dessous de Sidi-el-Ferruch. Ces hauteurs s'abaissent presque tout à coup au cap Caxines; la partie qui fait face à la mer, et qui n'en est éloignée que de 150 à 700 mètres au plus, est abrupte dans quelques parties et généralement peu accessible.

Entre le cap Matifouz et le fort de l'Eau, des mamelons détachés et d'une élévation peu considérable laissent des passages assez faciles pour gagner la plaine de Métidjiah; mais du Fort-de-l'Eau à l'Aratch, une petite plaine de sable et des collines couvertes de fortes broussailles rendent cette partie peu praticable.

De l'Aratch au chemin de Constantine, la chaîne n'est pas très élevée; cependant on ne pourrait y exécuter des mouvemens de troupe par masses, et elle ne présente pas de plateaux où des forces puissent se développer.

L'intervalle entre le chemin de Constantine et Alger, est coupé d'une dixaine de ravins profonds, qu'un homme à pied traverse assez difficilement en s'accrochant aux broussailles. La partie qui avoisine la maison du consulat de Suède est un rocher à pic.

Depuis la ville jusqu'au cap Caxines, la chaîne est généralement impraticable; mais de ce dernier point à la plaine de Métidjiah, vers l'ouest, le terrain peut être considéré comme uni, sauf quelques ondulations légèrement prononcées et d'une pente généralement douce. Ces collines sont quelquefois séparées par des ravins étroits, peu profonds, praticables pour un homme à pied, et souvent même pour un homme à cheval.

Le grand ravin entre la ville et le jardin du dey n'a aucune issue commode.

Le rivage, dans ce même espace, est partout accessible ; il est sablonneux ou de terre très meuble, et n'a presque pas de commandement : il y règne dans certains endroits un petit cordon de dunes de 4 à 6 mètres d'élévation.

De chaque côté du cap Sidi-el-Ferruch, qui s'avance dans la mer d'environ 1500 mètres selon Boutin, et de 160 mètres seulement suivant Shaw, est un enfoncement formant golfe, dont le fond, de sable pur, est d'une pente douce. Il paraît qu'un vaisseau de ligne ne pourrait s'approcher de terre dans cette partie à plus de 1600 mètres, surtout si la mer était un peu agitée ; mais les chaloupes auraient toujours suffisamment d'eau[1].

La hauteur sur laquelle a été construit le *Sultan-Cal-Aci*, ou château de l'Empereur, domine d'environ 30 mètres la partie la plus élevée de la ville. La pente de l'un à l'autre de ces deux points est assez douce, sauf la chute de l'extrémité du dos d'âne sur lequel le fort est établi. Il commande de près de 70 à 80 mètres le fort neuf de Bab-Azoun ; la pente entre ces deux ouvrages est très raide, surtout à partir du sommet.

Le château de l'Empereur est donc le point dominant de toutes les fortifications d'Alger. Il est commandé lui-même par les crêtes et petits plateaux en arrière, qui sont au moins de niveau avec les parapets, et sur-

---

[1] Comme nous l'avons dit précédemment, de nouvelles sondes, faites sur ces côtes, indiquent que les vaisseaux pourraient s'approcher plus près de terre.

tout par le sommet où se trouve le poste d'observation de la marine; mais cette hauteur est très éloignée.

Avant de parler des moyens de défense établis, nous ferons, une fois pour toutes, les observations suivantes :

1° Tous les parapets, excepté ceux de quelques batteries isolées, sont en pierre, n'ont que 3 à 4 pieds d'épaisseur, et ne s'élèvent que de 4 à 6 pieds au dessus du terre-plein.

2° La ville d'Alger, le fort des Anglais et celui du cap Matifouz, ont seuls un fossé; encore celui des deux derniers ouvrages ne mérite-t-il pas d'être compté.

3° Il n'y a nulle part de chemin couvert, ni aucune espèce d'ouvrage avancé.

4° Les parapets, excepté ceux de la ville, sont exclusivement disposés pour l'artillerie, et à embrasures.

5° Les plates-formes, qui font partie du terre-plein, sont pavées en pierres plates ou en briques de champ.

6° Tous les forts paraissent pourvus des logemens et autres établissemens nécessaires, aussi bien que de puits ou citernes qui fourniraient aux besoins de leurs garnisons, au delà même de la durée de la défense.

Points fortifiés. — Croyant devoir nous occuper des fortifications qui existent dans les environs d'Alger, avant de parler des places ou postes situés dans l'intérieur du pays, notre examen va commencer par les ouvrages construits à l'est de la ville.

Fort du cap Matifouz. C'est un octogone à peu près régulier, ayant trois embrasures et trois pièces sur chaque face, excepté sur celle du côté de la porte où il n'y en a qu'une.

Le fossé ne mérite pas d'être pris en considération; la forme presque circulaire de cet ouvrage rend nulle la moitié de son artillerie. Ce fort a, dit-on, 24 bouches à feu. Il fut mis en état de défense en 1685 lorsque les galères de France, venues pour bombarder

Alger, jetèrent l'ancre dans une petite baie qui est au dessous. On le croit aujourd'hui en état de dégradation.

Fort de l'Eau. Sa forme est irrégulière ; il est beaucoup plus petit que le précédent ; il n'a qu'une embrasure du côté de terre ; quatre sont dirigées contre la mer ; les autres battent le rivage.

Fort-Neuf de Bab-Azoun. Ce fort a été reconstruit sur un nouveau plan par le dey Mustapha. Il était à peine fini, quand ce prince fut massacré. La partie détachée à droite sur le bord de la mer, est un reste de l'ancien ouvrage. On se proposait sans doute de la démolir ; car, selon toutes les apparences, elle doit masquer une partie des feux des batteries inférieures. Ce fort a 19 embrasures basses et 19 hautes, du côté de la mer ; 18 hautes et point de basses, du côté du chemin ; 18 hautes et 5 basses, au sud-est ; 3 basses et 12 hautes, au nord-ouest. La masse détachée en a 11. On le dit armé de 60 pièces de canon. Une petite fontaine lui fournit de l'eau ; il y en a une autre dans le mur même, attenant au bastion du S. O. La partie la plus voisine de la pente en arrière est un rocher nu d'une nature assez tendre.

Château de l'Empereur. Ce fort prend son nom de l'empereur Charles-Quint, qui y campa en 1541 ; il a été construit en grande partie par Assen-Pacha. Sa forme est un carré long ; il est inattaquable du côté de la mer ; il n'a point de batteries basses. On le croit armé de 36 bouches à feu [1].

L'enceinte de la *ville d'Alger* consiste en un mur à l'antique, de 11 à 13 mètres de hauteur, couronné d'ouvertures à meurtrières, et en tout de 214 embrasures à canon, garni généralement à petites distances

---

[1] A ce fort, comme à tous les autres, on ne croit pas qu'il ait été ajouté de nouveaux ouvrages ; mais on sait que, dans ces derniers temps, il a été construit plusieurs batteries sur différens points de la côte.

de tours carrées, sans saillie et sans capacité. Le fossé est creusé en forme à peu près triangulaire, de sorte qu'il y a, en général, de chaque côté, un talus en terre depuis le niveau du terrain environnant jusqu'au fond: cette profondeur peut être de 6 à 8 mètres. Le fossé est bordé à l'extérieur d'un mur de 6 à 8 pieds de haut, sur 12 à 15 pouces d'épaisseur. Depuis la porte Neuve jusqu'à celle de Bab-Azoun, et un peu au dessus et au dessous de la porte de Bab-al-Oued, il est partagé en deux par un mur presque parallèle à la contrescarpe, surmonté de petits massifs détachés, dans lesquels on a pratiqué des créneaux pour fusil. L'espace entre ce mur et l'escarpe est plus élevé que le reste et forme une espèce de fausse braie.

Dans la partie supérieure de la ville, le mur d'enceinte se compose d'une espèce de terre-plein de 3 à 5 pieds de large, au dessus duquel s'élève, de 3 à 4 pieds au plus, un parapet de 1 à 3 pieds d'épaisseur, qui, comme nous l'avons dit, est percé d'ouvertures pour la fusillade et le canon : elles sont toutes à peu près de la même grandeur. Le rempart tombe presque à pic des deux côtés ; ainsi son épaisseur totale est de 5 à 8 pieds au plus. Il y a, de distance en distance, des escaliers pour monter au terre-plein, dont l'élévation au dessus du sol de la ville peut varier de 8 à 20 pieds.

Le *Cassaba* est un réduit d'un développement assez considérable, situé dans la partie supérieure d'Alger. On en découvre le sommet, de la mer et du port. Le Cassaba forme un triangle dont deux côtés lui sont communs avec la ville ; le troisième, qui fait face à la mer, a un fossé et un mur semblable au reste de l'enceinte.

Dans la partie qui sépare ce réduit de la ville, on a construit nouvellement sur la contrescarpe, un second mur d'enceinte. D'après un rapport digne de foi, le Cassaba est armé de 88 pièces de canon.

Fort de l'Etoile. Il n'existe plus : il fut, dit-on, détruit par une femme esclave, qui, pour se venger de son maître qui en était gouverneur, mit le feu au magasin à poudre. Il avait été construit par Assen-Pacha.

La Marine. C'est la partie la plus forte d'Alger : l'armement est considérable ; il se compose de 180 pièces du plus gros calibre. Il y en a de 36, de 48 et même au dessus. Les pièces du rez-de-chaussée sont bien couvertes ; c'est là que les Turcs se complaisent et croient pouvoir défier toutes les puissances de l'Europe.

Fort-Neuf, à l'angle nord de la ville. Ce fort était à peine achevé en 1808, et n'avait pas encore d'armement.

Fort des 24 heures ou de *Bab-al-Oued.* C'est un petit carré long, bastionné d'un côté et irrégulier des autres. Il n'a point d'embrasures basses ; on ne pourrait le défendre après la prise de la ville.

Fort des Anglais. Il se compose d'une espèce de carré long, ayant quelques saillies en forme de flancs, et d'une partie circulaire du côté de la mer. Il n'a point de batteries basses. Son armement consiste, dit-on, en 18 pièces de différens calibres.

Forts de la pointe Pescade. Ils ont l'un et l'autre la forme d'un fer à cheval ; ils n'ont point d'embrasures basses. Le sol, dans la partie inférieure de la montagne en arrière, n'est que du rocher nu.

La garnison de tous ces petits forts se compose ordinairement de quelques canonniers.

Il existait, à *Sidi-el-Ferruch*, une vieille tour carrée, haute de 16 à 20 mètres, dont chaque face était armée d'une mauvaise pièce d'artillerie. Une frégate française ayant détruit, depuis peu, cette tour, les Algériens l'ont remplacée par une batterie basse qui défend les abords de la partie ouest du cap. Ce dernier ouvrage est, dit-on, protégé par d'autres batteries, placées en arrière, et à distance convenable.

Batteries isolées. La plupart des batteries éparses sur la côte, ou sont ouvertes à la gorge, ou sont fermées par un mur de 6 à 7 pieds de hauteur sur 12 à 18 pouces d'épaisseur. Lorsqu'elles ont un parapet en pierre, il n'a jamais plus de 5 à 7 pieds de haut, et de 3 à 4 de large; quelques uns ont seulement un petit répaississement en terre.

Les points fortifiés dans l'intérieur du pays sont :

Titteri ou *Tittery*, ville entourée de murailles armées de quelques pièces de canon : cette artillerie est là moins comme moyen de défense, que pour saluer le dey lors de son entrée : la garnison se compose d'une centaine d'hommes[1].

Sabaun, à quatre lieues de Tedelis. Ce fort est armé de 8 à 10 pièces de canon pour contenir les Kabaïles des montagnes.

Hamesan. En deçà des Portes de Fer, à deux journées d'Alger; 6 à 8 canons et 40 hommes de garnison.

Constantine. Entourée de murs à l'antique, armés de 20 canons et mortiers; 300 hommes de garnison. Elle n'a ni forts ni batteries extérieures. Cette ville est située sur une hauteur assez considérable, sur la rive gauche du Suflimar qui en cet endroit est extrêmement encaissé; il y a un beau pont en pierre.

Trémecen ou *Tlemsen.* Entouré d'un mur armé d'une vingtaine de canons. Il y a deux forts détachés, situés sur des collines peu élevées et très accessibles; ils ont chacun 20 pièces, et 100 à 150 hommes de garnison.

Mascad. Entre la partie supérieure de la Zeitoune, Hammam et Mina; murs armés de 3 ou 4 canons; petit fort ayant une dixaine de pièces. Les habitans ne veulent pas souffrir de garnison turque.

El-Callah. Un peu plus près du cap Ténès que de la

---

[1] D'après d'autres renseignemens, cette ville ne serait qu'un camp, défendu peut-être par quelques pièces d'artillerie.

rivière Chelliff; petite ville avec un fort et une garnison.

Burgh-Souary. Sur la rive droite d'un affluent du Chelliff, à quelque distance et presque à la hauteur de Titteri. Petit fort avec garnison.

Burgh-Hamza. Sur la rive droite de la partie supérieure de la Summam; un suffrah de garnison, c'est-à-dire une compagnie de 25 hommes, sur lesquels il n'y a que 20 combattans.

Kouko. Sur la rive droite, à la partie supérieure de La Bouberak qui débouche à l'ouest de Tedelys; petit fort bâti par les Algériens, qui furent ensuite obligés de l'abandonner.

Collah. Beaucoup au sud de Kouko, à la droite et à quelque distance de la branche orientale du Zouah ou Summam qui débouche à l'est de Bugie. Les Kabaïles y font des armes à feu.

Zammorah. Beaucoup au sud-est de Collah, à la gauche et à quelque distance de l'Adjebbi qui se jette dans la Summam : petite garnison.

Messillah. Près de l'extrémité occidentale du lac Schott; ville frontière à l'ouest, sans fort; 3 compagnies de garnison, environ 60 hommes.

Nickouse. Garnison d'un suffrah (20 hommes), 3 canons, remparts de boue.

Biscara, frontière du sud, entre l'extrémité orientale du lac Schott, et un grand affluent du Ouadi-Djeddi. Petit port; 6 pièces de canon; quelques mousquets sur des espèces d'affûts.

Tipsa, au sud sur la rive droite de la Mélagge; petite garnison. On y voit les restes de l'ancienne ville de ce nom.

Forces militaires de la régence. — L'infanterie algérienne se compose d'environ 10,000 Turcs et de 5,000 Kolouglis[1].

[1] *Voyez* deuxième Partie, Chapitre VIII.

Ces 15,000 hommes doivent fournir garnison à Constantine, Titteri, Oran, et aux différens points fortifiés de ces provinces.

Dans la campagne contre Tunis, pour laquelle on avait annoncé un grand développement de moyens, le dey n'a fait partir que 8,000 fantassins et il restait fort peu de troupes à Alger.

Le nombre de l'infanterie permanente ne varie pas sur le pied de guerre : quant à la cavalerie, il est impossible d'établir aucune évaluation sur sa force. Lorsqu'une campagne doit s'ouvrir, la régence donne l'ordre aux tribus soumises de lui fournir un certain nombre de cavaliers. Cette levée se forme avec plus ou moins d'exactitude et de célérité, suivant le plus ou moins d'harmonie qui règne entre le dey et les beys, suivant les dispositions particulières des chéikhs ou chefs de tribus, et une foule d'autres considérations. Presque toujours, le nombre fourni est inférieur à celui qui a été demandé; mais différentes circonstances peuvent cependant produire un effet contraire, par exemple, le fanatisme religieux, l'espoir d'un grand butin, etc. etc.

Les guerres précédentes mettent à même de connaître approximativement les forces dont le dey dispose au besoin. En 1775, les préparatifs des Espagnols furent connus sur la côte d'Afrique un mois ou deux avant le débarquement, et la régence savait très bien à quoi s'en tenir sur les intentions de ses ennemis : de plus, la flotte resta 8 jours en rade d'Alger, avant de mettre des troupes à terre. Le dey eut donc tout le temps de se préparer à la défense : cependant, quoique les chances fussent pour lui des plus favorables, il ne put mettre en campagne qu'environ 60,000 hommes; savoir : 10,000 Turcs ou Kolouglis; 30,000 hommes du contingent de Constantine; 15,000 du contingent d'Oran, et 5,000 de celui de Titteri.

Jusqu'à ce jour, les Algériens n'avaient jamais songé à

réunir à l'avance des munitions et des vivres ; tout rassemblement de troupes se faisait donc avec une lenteur et une difficulté extrêmes. Dans la dernière guerre contre Tunis, l'armée mit 5 à 6 semaines pour se rendre d'Alger à Constantine, distance que l'on parcourt en dix journées de marche : aujourd'hui, mieux conseillé ou plus sage, le dey paraît s'être occupé de former des approvisionnemens en tout genre.

Quel que soit, au reste, le nombre des forces algériennes, les campagnes d'Egypte permettent de se former une opinion sur le cas que l'on doit faire de ces troupes. L'infanterie ne peut être meilleure, sous le rapport de l'instruction et de la discipline, que celle qui combattit à Héliopolis, et l'on sait qu'à cette bataille mémorable, 10,000 Français environ suffirent pour mettre dans une déroute complète près de 70,000 Turcs : quant à la cavalerie de la régence d'Alger, elle ne peut être comparée, pour la bravoure, à celle des Mamelouks, qui était la cavalerie la plus redoutable que l'on connût alors.

L'infanterie algérienne est armée d'un fusil, de deux pistolets et d'un *yataghan* ou long coutelas [1].

Les *sbahihis*, ou cavaliers (ils sont tous Maures), ont à peu près le même armement. Ils se battent isolément, arrivent à toute bride sur l'ennemi, tirent leur coup de fusil, le plus souvent sans ajuster, retournent en arrière, chargent et reviennent de nouveau.

La régence a établi depuis peu une compagnie, composée de Turcs et de Kolouglis, qu'on appelle *artillerie volante ;* ce sont des cavaliers, dont la selle est surmontée par devant d'un pivot d'environ 1 pied 1/2 de haut, sur lequel on fixe une espèce de gros tromblon. Cette arme, dont le tir ne peut être que très incertain, se charge de côté pour la commodité du cavalier.

[1] Il y a, dans Alger, beaucoup de fusils de remparts.

Le parc d'artillerie de campagne des Algériens se compose d'une quarantaine de pièces de différens calibres, dont la moitié à peu près est hors de service. Une quinzaine de ces pièces sont montées sur d'anciens affûts espagnols, grossièrement construits et fort lourds. Cette artillerie est toujours mal servie, et mal manœuvrée.

Les Algériens ne se servent presque jamais dans leurs guerres d'artillerie de campagne, qui se trouverait d'ailleurs arrêtée à chaque pas par le manque de route praticable, et par les difficultés que présente le terrain. On n'en vit que quelques pièces lors de l'expédition de 1775.

Organisation de l'armée. — L'organisation de l'armée algérienne présente quelques particularités remarquables. L'avancement est toujours accordé à l'ancienneté; et lorsqu'un officier est arrivé au plus haut grade, qui correspond à celui de colonel, il devient de droit membre du divan.

Les grades élevés, même dans les corps de Kolouglis, sont donnés de préférence aux Turcs.

Le corps turc est tenu au complet par des recrues tirées du Levant, et qui proviennent, ou du rebus de la population des grandes villes, ou de l'écume des prisons. La régence entretient pour cet objet, à Constantinople et à Smyrne, des agens qui sont chargés de faire passer ces recrues à Alger. A leur arrivée, ils prennent le nom de janissaires, et ils sont incorporés dans les différens corps.

En cas de nécessité, on admet aussi les renégats chrétiens et les Kolouglis; mais depuis une entreprise que ces derniers tentèrent pour s'emparer du Cassaba, ils ne peuvent plus parvenir aux dignités de bey, d'aga des janissaires, ni aux autres grades ou emplois importans.

Les Arabes et les Maures que le gouvernement enrôle, ne lui inspirent pas non plus une grande confiance; aussi les beys ont-ils grand soin de maintenir la division entre les chefs des tribus de ces nations. Ces soldats, de même que les Kolouglis, ne jouissent d'aucun des priviléges accordés aux Turcs; ils ne prennent point part à l'élection du dey.

Les prérogatives attachées à la qualité de soldat sont extrêmement étendues. Les soldats turcs se font donner le titre d'effendi ou seigneurs, et témoignent le plus grand mépris pour les autres classes de la société. Ils sont exempts de toute taxe et impôt, et jouissent du privilége de ne pas être punis en public. En cas de crime de haute trahison, on les étrangle secrètement dans la maison du premier aga. Ils ne manquent jamais de se soutenir mutuellement dans leurs différens avec les Maures ou les Arabes; mais ils conservent toujours beaucoup de respect et de soumission pour le dey. Il est nécessaire cependant que ce prince apporte le plus grand soin à faire payer leur solde avec exactitude, car le moindre retard à ce sujet exciterait parmi eux une révolte.

D'après ce que nous venons de dire, on conçoit combien une soldatesque aussi indisciplinée et aussi exigeante est à charge aux habitans du pays. Les Maures, les Arabes et les Juifs, se trouvant, par rapport à cette fraction de la population, dans une dépendance humiliante et onéreuse, doivent nécessairement supporter avec peine le joug qui pèse sans cesse sur eux, et il y a lieu de croire que cette circonstance ne serait pas une des moins favorables pour le succès de toute entreprise qu'une puissance étrangère pourrait tenter contre la régence.

Le gouvernement accorde 4 pains[1] par jour à chaque soldat; ils ont, en outre, le privilége d'acheter la viande

---

[1] Ces pains ou galettes sont ordinairement d'une demi-livre.

un tiers au dessous du prix ordinaire. S'ils se marient, le dey les prive de ces avantages, leur ôte le logement dans les casernes, et les réduit à la simple paie. En usant de cette rigueur, on espère les retenir dans le célibat.

Solde. — Un soldat, pour recevoir sa solde, doit être inscrit sur le registre d'un capitaine.

La paie n'est pas égale pour tous, elle est d'abord fixée à 8 saïmes [1] pour 2 lunes [2], et elle s'accroît ensuite d'un saïme chaque année. Une action remarquable, l'élection d'un dey, et d'autres circonstances de cette nature, déterminent ordinairement de nouvelles augmentations. La haute paie, ou *paie serrée*, est de 80 saïmes : tous les vieux soldats, les officiers, et même le dey, ne touchent que cette paie. Avec cette solde, ils doivent se fournir d'uniformes, d'armes et de munitions [3] ; mais, en outre de ce traitement, chaque emploi a des droits sur l'entrée, la sortie des marchandises, l'ancrage des bâtimens, la vente et le rachat des esclaves, etc. etc. Il faut encore ajouter à ces avantages pécuniaires les *usances*, qui sont les dons des étrangers établis à Alger, et les cadeaux des différentes cours. L'aga de la milice est le seul qui touche, pour deux mois (ou deux lunes), 2,000 pataques-chiques de solde [4].

La paie se fait régulièrement de deux en deux lunes, en présence du dey, de l'aga de la milice, des ayabachis et des autres officiers du divan. Chacun reçoit lui-même sa paie des mains du caissier, en monnaie d'or ou d'argent, qu'il fait examiner et peser par le visiteur : celui qui est absent touche sa solde à son retour.

Les Turcs devenus vétérans, et ceux que des blessures mettent hors d'état de faire le service, reçoivent

---

[1] Le saïme vaut 18 c.; 8 saïmes valent donc 1 fr. 44 c.

[2] Raynal (ouvrage posthume) porte la solde à 4 fr. pour 2 mois, et la paie serrée à 26 fr. environ.

[3] Les munitions leur sont vendues par l'État à un prix modéré.

[4] La pataque-chique vaut 0 fr. 83 cent.

leur paie entière toute leur vie, et dans quelque partie du royaume qu'ils habitent; mais ceux qui quittent le service avant d'être classés parmi les vétérans, ou qui se retirent sans motif légitime, perdent la moitié de leur paie. Quelquefois aussi, mais rarement, on diminue la paie d'un soldat par punition.

Le jour fixé pour la paie, les officiers du gouvernement s'assemblent dans la salle du divan, et tous les soldats dans la cour. L'aga de la milice prend la place du dey, qui se tient auprès de lui, et fait dans le livre de paie l'appel des soldats, en commençant par le dey; chacun alors vient successivement recevoir ce qui lui revient.

Tout soldat peut, en touchant sa paie, exercer une industrie quelconque et même aller en mer, pourvu qu'il soit toujours prêt à marcher pour le service de l'État.

Les Turcs ne jouissent à Alger d'une grande considération qu'autant qu'ils sont soldats. Tous désirent, en général, la guerre, parce qu'ils en retirent toujours quelques avantages.

S'ils font des prises, le dey en a le dixième.

S'ils meurent, ou s'ils tombent entre les mains de l'ennemi, l'Etat s'empare de ce qu'ils possèdent, à moins qu'ils n'aient des enfans ou des frères, seuls parens habiles à hériter. C'est pour cela qu'on ne peut enterrer personne sans en prévenir le beït-el-maldji, ou fermier des aubaines. Lorsqu'ils sont faits esclaves, d'une manière quelconque, leurs biens sont confisqués au profit du gouvernement.

Il leur est défendu, et ils regardent comme un deshonneur, de voler ou de piller quelque chose pendant le combat; ils abandonnent alors le pillage aux Maures et à leurs esclaves; mais dans tout autre moment, ils usent de leur force et de leur pouvoir tyrannique, particulièrement envers les Maures.

Les Turcs ont une grande soumission pour les ordres

du dey, et pour ceux de leurs supérieurs, lorsqu'il s'agit surtout du bien de l'État, de l'obéissance aux lois, ou du service militaire. La moindre faute, à cet égard, est punie d'une diminution de solde, à laquelle ils attachent une grande infamie.

L'armée algérienne est divisée en un certain nombre de tentes, ou compagnies, composées de 17 hommes et de 3 officiers chacune, et de quelques Maures pour le service de la tente et la conduite des chevaux de charge.

Un soldat n'a sur lui que ses armes : on a dit plus haut en quoi elles consistent. C'est l'État qui fournit les vivres, et 6 mulets par tente pour porter les bagages.

Les tentes sont de forme circulaire et faites en toile.

Les soldats reçoivent pour ration du biscuit, de l'huile, des olives, du beurre et du blé bouilli. Ils ne boivent que de l'eau.

Officiers et soldats marchent à pied ; ils ne connaissent ni corps de garde, ni sentinelles, en un mot, aucune précaution pour se garder. Il y a seulement, dans chaque tente, un soldat qui veille pendant la nuit. Il est vrai de dire que comme ils couchent tout habillés, ils sont en un instant sous les armes.

Chaque année, au printemps, le dey envoie dans les provinces des détachemens plus ou moins nombreux, suivant le besoin, pour maintenir le pays et faire payer les impôts. Ces détachemens ont chacun leur aga et leur divan, ou conseil, composé de l'aga-kaya et du boulouk-bachi.

La cavalerie est de même divisée en tentes de 20 hommes ; mais chaque tente a des chevaux de charge, et quelques Maures de plus pour le fourrage et le soin des chevaux.

La marche des troupes est réglée par le chef, jusqu'à ce que l'on soit dans le pays ennemi. Le bey réunit alors un certain nombre de tentes d'infanterie et de cavalerie, et forme des espèces de bataillons et d'escadrons, auxquels il donne des chefs. Chacun de ces corps a sa bannière et son étendard. L'avant-garde se compose ordinairement d'un gros d'infanterie. Il y a sur les ailes, un peu en arrière, deux escadrons. Le reste de l'infanterie marche sur deux files, ayant les bagages au centre. Deux autres escadrons flanquent cette colonne, et un petit bataillon forme l'arrière-garde.

Dans un combat, on laisse une force suffisante à la garde des bagages, et on marche à l'ennemi dans l'ordre suivant : un gros corps d'infanterie en tête ; deux forts escadrons sur les ailes, soutenus de deux autres qui suivent à quelque distance, et le corps d'armée au milieu. La cavalerie et l'infanterie viennent se rallier au besoin derrière la masse principale, qui relève, lorsque cela est nécessaire, le corps d'infanterie placé en tête de la colonne. On ne fait pas mention d'artillerie.

Les Maures auxiliaires se tiennent par détachemens sur les ailes [1].

Les soldats algériens faits prisonniers par les chrétiens ne sont jamais rachetés ni échangés.

Le *dey* est le chef suprême de l'état et de l'armée ; il est choisi dans le corps de la milice, et tous ceux qui en font partie peuvent prétendre à cette dignité souveraine, même le simple soldat.

L'*aga* de la milice est le général des troupes qui se trouvent à Alger ; c'est un poste d'honneur et une di-

---

[1] Les Barbaresques usent à la guerre, d'un moyen remarquable par sa singularité. Ils conduisent avec eux des chameaux couverts d'une espèce de bastinguage en paille, assez épais pour être à l'abri des balles, et ils vont à l'ennemi derrière ce rempart mobile, ou bien ils s'en servent comme d'un retranchement instantané. On en a eu un exemple en 1775. Dans le cas où ils auraient encore recours à un pareil moyen, une artillerie bien organisée, portant le désordre dans ces masses, ferait à coup sûr tourner cet artifice au détriment de ceux qui l'emploient.

gnité accordée aux anciens services; l'officier qui en est revêtu ne va point en campagne. C'est le plus ancien soldat qui occupe cette place; chacun y parvient à son rang. La dignité d'aga ne dure que deux lunes, c'est-à-dire d'une paie à l'autre; alors celui qui l'occupait fait place à un autre, et devient *maázoul* ou vétéran; il jouit de sa paie sans être sujet à aucun service, mais aussi il ne peut parvenir à aucune charge de l'état: c'est la fin de sa carrière publique.

L'aga, pendant ses fonctions, reçoit tous les soirs les clefs de la ville. Les ordres aux troupes se donnent en son nom; les sentences contre les Turcs sont exécutées dans l'intérieur de sa demeure. Le gouvernement fournit et entretient le logement, les domestiques et la table de l'aga, qui touche en outre, pour le temps de sa charge, 2,000 pataques-chiques. Il ne doit avoir dans sa maison ni femmes, ni enfans, et ne peut sortir que pour assister au divan général et à la paie qui se fait en son nom; alors il monte à cheval, et deux chaoux qui le précèdent à pied crient à haute voix: *Prenez garde à vous! voilà l'aga qui passe.* Ils lui font faire place, et lui font rendre les hommages qui lui sont dus.

Le *kaya*, ou *bach-boulouk-bachi*, est le plus ancien capitaine des troupes. Il succède à l'aga après deux lunes d'exercice. Chacun parvient à être kaya par ancienneté. C'est le chef de l'assemblée des officiers qui se tient près de la maison du dey; il y demeure tant que celui-ci est à son poste, et juge quelques petites affaires, tant civiles que criminelles, que le dey lui renvoie pour se soulager.

L'assemblée qu'il préside est composée des aya-bachis, véritables conseillers du divan: ils marchent immédiatement après le dey, dans les jours de cérémonie.

Les *aya-bachis* sont les anciens capitaines vétérans qui deviennent successivement chayas et agas, par rang d'ancienneté. C'est parmi eux qu'on choisit les ambassadeurs et envoyés pour les pays étrangers; ils vont aussi porter les ordres du dey dans l'intérieur du royaume. C'est toujours un aya-bachi qui visite les bâtimens marchands avant leur départ, dans la crainte qu'ils n'emmènent des esclaves.

Les *boulouks-bachis* sont les capitaines des compagnies : les plus anciens jouissent d'une grande considération, et deviennent, par rang d'ancienneté, aya-bachis, après toutefois avoir été pendant un an aga, ou commandant d'une place. Là, ils rendent la justice au nom du dey, comme lui-même le fait à Alger, et font exécuter ses ordres. Ils sont distingués par un bonnet fort haut, et une croix rouge qui leur pend sur un cuir, derrière le dos. On appelle *agas des sbahihis* les capitaines des compagnies de cavalerie.

Les *oldaks-bachis* sont les lieutenans de compagnie; ils parviennent, par ancienneté, au grade de boulouk-bachi, et successivement aux autres dignités; le moindre passe-droit serait un sujet de révolte pour la milice. Les oldaks-bachis portent, par distinction, une bande de cuir qui descend de la tête jusqu'à moitié du dos.

Les *vekilardjis*, ou *vekilards*, sont les commis aux vivres de l'armée. Chaque tente, qui est composée de 20 hommes, en a un; il est chargé de fournir et de faire préparer ce qui est nécessaire à la subsistance. Le transport des bagages est également confié à ses soins. Lorsque les troupes sont en garnison, il veille à la conservation des approvisionnemens, et a un cuisinier sous ses ordres. Les vekilardjis portent un bonnet blanc en pyramide.

On appelle *peys* les quatre plus anciens soldats; un bonnet en cuivre les distingue des autres.

Les *soulachs*, ou *soulachis*, sont les huit plus anciens soldats après les peys; ils portent un tuyau ou canon de cuivre sur le devant de leurs bonnets, et de grands sabres dorés; ils servent de gardes du corps au dey et lorsqu'il va en campagne, ils marchent devant lui à cheval, armés de carabines.

On désigne sous le nom de *caïtes*, les soldats turcs qui exercent une autorité sur quelques douars des Maures, ou qui commandent un petit territoire; ils perçoivent la taxe et en rendent compte au dey : il y en a un à chaque marché forain. Ce sont ordinairement des *codjias*, ou écrivains du deylik, qui occupent cet emploi.

Les *sagaïrds* ou *sagaïrdgis* sont un corps de Turcs armés d'une lance. Dans chaque armée il y en a une compagnie de 100 hommes, dont le commandant s'appelle *sagaïrdgi-bachi*. Leur occupation est de chercher, de garder et de fournir l'eau nécessaire à l'armée.

Armes. — Il ne se confectionne à Alger ni canons, ni fusils, ni sabres, ni pistolets : on y fait de la poudre, mais de médiocre qualité. Les Kabaïles des montagnes fabriquent quelques mauvais fusils, la plupart à mèches, pour leur propre usage.

Munitions de guerre. — Les Kabaïles et les Arabes font aussi de la poudre à canon; ils l'appellent *baroud*. Le soufre leur vient en grande partie d'Europe, et ils se servent de la cendre de *burouach* (*hasta regis*), au lieu de charbon de bois. Ils entendent assez bien l'art de grener, mais il faut que leurs matières premières n'aient pas les qualités requises, ou qu'ils ignorent les proportions convenables, car en général leur poudre est mauvaise : une once de poudre anglaise produit autant d'effet qu'un quart de livre de la leur.

Une partie des munitions de guerre vient de Constantinople; le surplus est fourni par les puissances étrangères.

Subsistances. — Les beys de Constantine et d'Oran doivent fournir à la régence chacun 10,000 mesures de blé par an (9,000 quintaux environ). Il y a, dans la ville d'Alger, et particulièrement à La Marine, un magasin de beurre, un d'huile, et huit à dix magasins de blé, contenant ensemble 160 à 200,000 mesures. C'est une réserve pour l'armée, et surtout pour les bâtimens qu'on équipe en course. L'opinion commune est que les troupes soldées sont approvisionnées pour deux ans, mais la chose n'est pas vraisemblable; car, en 1805, la récolte ayant été mauvaise, on fut obligé d'envoyer chercher du blé dans la mer Noire, et le dey en demanda même au consul de France. On vit toujours sur les plus nouvelles provisions; aussi voit-on, de temps en temps, des ventes de blés avariés.

Il y a tous les jours, dans le faubourg de Bab-Azoun, un marché des grains qui viennent en partie de Bone, mais surtout de l'intérieur.

Les gens riches ou aisés, c'est-à-dire à peu près le quart de la population de la ville, s'approvisionnent pour un an, et font leur pain chez eux. Le reste des habitans n'a ordinairement du grain que pour deux ou trois jours; plusieurs familles se réunissent pour acheter une mesure de blé.

Il n'y a point de boulangers; ce n'est qu'accidentellement que quelques noirs font du pain pour le vendre.

De ce qu'un quart des habitans d'Alger est approvisionné pour un an, il ne s'ensuit pas que la ville le soit pour trois mois : ce qui le prouve, c'est que, pour peu que les arrivages diminuent ou se suspendent, le grain renchérit tout à coup dans une forte proportion, et le peuple murmure. Il y a trois ans, dans l'intervalle d'un mois, le blé monta de 2 à 8 piastres.

Lorsque les Kabaïles, pour quelque cause que ce soit, ne veulent pas apporter leurs grains au marché, ils les cachent dans les matamores [1], où il serait

---

[1] Fosses creusées dans la terre, espèces de silos.

presque impossible à des Européens de les découvrir.

Époque favorable pour un débarquement. — La meilleure saison pour la navigation, sur la côte d'Afrique, est du commencement de mai à la fin d'octobre : on peut considérer l'intervalle du 10 mai au 10 juin comme l'époque la plus favorable à un débarquement ; plus tôt, ou plus tard, suivant Boutin, il y aurait à craindre une mer houleuse, ou quelques gros temps, surtout pour une flotte qui conduit à sa suite des transports.

Ports et rades considérés sous les rapports de la défense. — La rade d'*Alger* est vaste, belle et profonde, mais les nombreux ouvrages établis depuis le cap Matifoux jusqu'à la pointe Pescade, et dont les feux sont dirigés du côté de la mer, rendraient extrêmement difficile une attaque entre ces deux points. Les Algériens prétendent avoir 1743 pièces de canon en batterie dans cette partie : quoique ce nombre soit probablement exagéré, il y a en effet sur cette portion de la côte une artillerie formidable et généralement de gros calibre. Les batteries basses de La Marine sont armées de pièces de 24, de 36, de 48 et au dessus.

Turetta-Chika ou *Sidi-el-Ferruch*. Ce mouillage était défendu, comme nous l'avons dit en parlant des points fortifiés, par une vieille tour carrée qui ne pouvait recevoir qu'une ou deux pièces d'artillerie sur chaque face ; nous avons dit aussi que cette tour, détruite naguères par la marine française, a été remplacée par plusieurs batteries.

Cherchel ou *Sersel*. Ce port n'a point de défense.

Au cap *Tenès*, il n'y a aucun ouvrage.

Moustagan. Cette anse est défendue par un ouvrage armé de 15 à 20 pièces de canon ; le fort est situé sur une hauteur : il faut monter pendant un quart d'heure pour y arriver, mais la pente est assez douce.

Arzeo. Cette rade est défendue par une batterie de

18 pièces de gros calibres. Il y a des restes d'anciennes fortifications.

Oran. Les Espagnols, en évacuant cette ville, il y a une cinquantaine d'années, démolirent une partie de l'enceinte et des forts du côté de terre. Les forts détruits sont ceux de Saint-Michel, San Fernando, San Carlos et Saint-Louis. Ceux existans sont : Ras-al-Cazar, Saint-Grégoire, Sainte-Thérèse et Sainte-Anne. Il y a de plus la Batterie-Rouge, de 20 pièces de canon, qui couvre la prise des eaux.

Cap Faucan. La baie, à l'orient de ce Cap, n'est défendue par aucun ouvrage.

Mazalquivir ou *Mers-el-Kebir*. Il n'y a plus qu'un grand fort en pierres de taille, très élevé et armé de 15 à 20 pièces de canon.

Tedel ou *Tedeles* est sans défense.

Bougie. Le mouillage de ce golfe est protégé par cinq forts ou batteries armées.

Gigeri. Il y a sur ce point un petit fort armé de quelques pièces.

Le *Coll* ou *Cull* est défendu par un fort armé de 8 à 10 pièces.

Stora ou *Storo*. Il n'existe en cet endroit aucun ouvrage.

Bona ou *Bone*. Un fort et cinq batteries défendent l'entrée de la rade ; l'armement peut être de 80 pièces.

Le port *Génois* a aussi un fort de 18 à 20 canons.

La Calle n'est pas défendue.

CHAPITRE XXI.

MARINE.

Le pays d'Alger ne produit que peu de bois propre à être employé comme courbes et comme mâtures; il n'y a ni cordages, ni voiles, ni goudron, ni ancres, ni enfin aucune des choses nécessaires pour construire et équiper des bâtimens; et cependant la régence est parvenue à créer une marine.

Nombre, force, et armement des bâtimens. — Suivant Shaler, les forces des Algériens se composaient, en 1815, de

4 frégates de 44 à 50 canons.
1 *idem* de 38.
1 corvette de 30.
1 *idem* de 26.
1 *idem* de 22.
1 *idem* de 20.
1 brick de 20.
1 galère de 5.

Plus, environ 30 chaloupes canonnières et bombardes.

Tous ces bâtimens furent détruits par lord Exmouth en août 1816; mais, malgré le peu de ressources à leur disposition, les Algériens n'en sont pas moins parvenus depuis lors à créer une nouvelle marine militaire. D'après des renseignemens recueillis également par Shaler en 1825, la régence avait à cette dernière époque :

Frégates....	Moftah-Eldjiaha	de 62	canons.
	Boulhavas......	de 50	*idem*.
	Nepher scander.	de 40	*idem*.
Corvettes...	Mazehar Estáfi...	de 36	*idem*.
	Fassia...........	de 46	*idem*.
Brigantins...	Nemalihuda......	de 18	*idem*.
	Moudjaras.......	de 16	*idem*.
Goëlettes....	Falicham.........	de 24	*idem*.
	Tongarda.........	de 14	*idem*.
	Giaëran..........	de 14	*idem*.
	Souria...........	sans armement.	
	Chaëne Daria.		

Polacre : Zegara....................de 20 canons.
Chebeck : Majorca..................de 10 *idem.*

Total : 14 bâtimens.

Il y avait en outre sur le chantier, 3 nouvelles goëlettes qui ont dû être mises en mer l'été suivant, et 35 chaloupes canonnières [1].

Les Algériens employent le peu de bois que leur fournit le pays à la construction du fond des vaisseaux ; tout le dedans et les œuvres-mortes se font des débris des bâtimens capturés qu'ils dépècent avec beaucoup d'adresse, en ayant soin de conserver aussi les plus petits ferremens. Ils construisent de cette manière et sans dépenses considérables des navires excellens voiliers.

Nous devons ajouter cependant, qu'indépendamment des ressources qu'ils retirent de leurs prises, le consul anglais leur fournit des ancres, des cordages, des boulets, de la poudre et quelques autres objets, en échange d'huile et de grains pour le service de la garnison de Gibraltar.

Les Algériens se servent de tout ce qu'ils trouvent sur les prises, sans s'embarrasser souvent de règles ni de mesures. Pour utiliser l'artillerie, ils la placent sans avoir égard à la grandeur ni à la force du bâtiment, quelquefois aussi ils n'observent aucune proportion à l'égard de l'envergure, des ancres, des câbles, grelins, haubans, etc. ; d'une égale indifférence pour ce qui concerne les commodités de la vie, ils n'embarquent ni lits, ni coffres, et n'ont, pour subsistance, que du biscuit, de l'eau, un peu de riz, et d'autres provisions grossières malproprement préparées.

[1] Suivant de nouveaux renseignemens, les Algériens n'auraient plus aujourd'hui que 2 frégates, 4 corvettes et 4 ou 5 bricks. 1 frégate de 60 canons et 1 corvette de 30, commandées par l'amiral de la régence, sont bloquées, dans le port d'Alexandrie, par la marine française.

Un seul bâtiment appartient à l'État ; on l'apelle le *Deylik*, ou vaisseau du dey ; il a ses magasins particuliers, mais il est équipé comme ceux des armateurs. Les autres bâtimens sont la propriété des individus qui les ont construits ; tous ont des approvisionnemens assez complets.

Le corps des officiers de la marine est très nombreux. Les grades sont donnés à la faveur et non à l'ancienneté comme dans l'armée de terre.

Le plus haut grade est le *reis de la marine*, ou capitaine du port d'Alger. Ce raïs commande une galiote de garde qui a l'inspection de ce qui se passe dans le port. L'amiral n'a que le commandement du vaisseau *Deylik* ; les reis, ou capitaines de vaisseau, ont chacun le commandement des vaisseaux qui leur appartiennent. Ils ont sous leurs ordres des *sous-reis* et un *tobdji*, ou canonnier.

Le reis exerce, sur son bord, la même autorité qu'un bey dans sa province. Les soldats sont commandés par un aga et les autres officiers, comme dans l'armée de terre.

Quoique les capitaines de vaisseau ne puissent s'immiscer en rien dans les affaires du gouvernement, ils jouissent néanmoins d'une grande considération, parce que la course en mer est pour l'État la source d'un de ses principaux revenus.

Les capitaines de vaisseau étant propriétaires de la totalité, ou au moins d'une partie des bâtimens qu'ils montent, sont les seuls officiers permanens de la marine algérienne. Ils ont la liberté d'armer quand il leur plaît, et de faire ce que bon leur semble ; mais ils sont obligés de servir la régence, quand elle le réclame, pour le transport des garnisons ou des approvisionnemens, d'aller en course lorsque le dey l'ordonne, et, au besoin, de passer même au service du Grand-Seigneur.

Après deux mois de croisière, les soldats peuvent contraindre les reis de les ramener au port.

Sur chaque vaisseau il s'embarque un *aga-backi*, ou quelque ancien soldat, qui est reçu en qualité d'aga, et sans l'avis duquel le capitaine ne peut donner chasse, combattre, ni songer à revenir à Alger. A l'arrivée du vaisseau, l'aga rend compte au dey de la conduite du reis, et ce dernier est châtié s'il est convaincu d'avoir manqué à son devoir.

Un capitaine en réputation, et qui a été favorisé par le sort dans ses entreprises, a toujours plus de monde à son service qu'il ne lui en faut; mais, quand il ne passe ni pour brave, ni pour heureux, il a souvent beaucoup de peine à composer son équipage, et quelquefois alors il est même obligé de renoncer à la course.

Il existe, sur ces bâtimens, une coutume assez remarquable : s'il se trouve à leur bord, lorsqu'ils font une prise, des passagers de quelque nation et religion que ce soit, ces étrangers ont droit au partage. Les Algériens disent en ce cas, que, ne pouvant connaître les vues de la Providence, il est possible que même la présence d'un renégat parmi eux soit la seule cause du succès qu'ils ont obtenu.

Tous les officiers, depuis les rais jusqu'aux canonniers et timoniers, doivent être Turcs ou Kolouglis. Les Maures ne peuvent monter sur le gaillard d'arrière, ni entrer dans la Sainte-Barbe, si le capitaine ou quelque Turc ne le leur ordonne. Les esclaves chrétiens servaient autrefois d'officiers mariniers et de matelots.

Lorsqu'un vaisseau périt, ou est capturé, les armateurs sont obligés d'en acheter, ou d'en faire construire un de même force. On voit, d'après cela, que le nombre des vaisseaux de la marine algérienne ne peut diminuer, mais qu'il doit augmenter au contraire, lorsque les circonstances sont favorables.

APPENDICE.

EXTRAIT DU MONITEUR.

(Du 20 avril 1830.)

Plusieurs des publications où l'on traite des causes de la guerre qui existe entre la France et Alger, donnent à cet égard des détails très inexacts. Nous croyons utile de rappeler à nos lecteurs les principales circonstances qui ont forcé le Gouvernement du Roi de rompre avec la régence, et qui ont déterminé l'envoi d'une expédition sur les côtes d'Afrique.

La France a recouvré, en 1817, les établissemens qu'elle possédait depuis quatre siècles sur la côte d'Afrique [1]. La situation avantageuse de ces possessions, leur richesse en grains, bestiaux, laines, cire, miel, etc.; les facilités qu'elles offrent pour répandre nos marchandises dans l'intérieur de l'Afrique, et l'abondance des produits de la pêche du corail sur cette côte, avaient procuré de grands avantages aux compagnies qui les exploitaient avant la révolution. Mais, depuis 1817, l'instabilité de nos relations avec la régence d'Alger, leur caractère mal assuré et précaire; enfin, le dessein

[1] L'établissement des Français sur la côte d'Afrique remonte à l'année 1450; ils acquirent des Arabes, à cette époque, moyennant certaines redevances, une étendue de côtes que l'on désigne encore aujourd'hui sous le nom de *concessions d'Afrique*. Nos droits de propriété ont été formellement reconnus par plusieurs Sultans, et nommément par Sélim Ier en 1518, et par Achmet en 1692; le dey qui régnait à Alger en 1694, la reconnut cette même année par un traité qui a été renouvelé en 1801 et en 1817.

APPENDICE.

EXTRAIT DU MONITEUR.

(Du 20 avril 1830.)

Plusieurs des publications où l'on traite des causes de la guerre qui existe entre la France et Alger, donnent à cet égard des détails très inexacts. Nous croyons utile de rappeler à nos lecteurs les principales circonstances qui ont forcé le Gouvernement du Roi de rompre avec la régence, et qui ont déterminé l'envoi d'une expédition sur les côtes d'Afrique.

La France a recouvré, en 1817, les établissemens qu'elle possédait depuis quatre siècles sur la côte d'Afrique[1]. La situation avantageuse de ces possessions, leur richesse en grains, bestiaux, laines, cire, miel, etc.; les facilités qu'elles offrent pour répandre nos marchandises dans l'intérieur de l'Afrique, et l'abondance des produits de la pêche du corail sur cette côte, avaient procuré de grands avantages aux compagnies qui les exploitaient avant la révolution. Mais, depuis 1817, l'instabilité de nos relations avec la régence d'Alger, leur caractère mal assuré et précaire; enfin, le dessein

---

[1] L'établissement des Français sur la côte d'Afrique remonte à l'année 1450; ils acquirent des Arabes, à cette époque, moyennant certaines redevances, une étendue de côtes que l'on désigne encore aujourd'hui sous le nom de *concessions d'Afrique*. Nos droits de propriété ont été formellement reconnus par plusieurs Sultans, et nommément par Sélim Ier en 1518, et par Achmet en 1692; le dey qui régnait à Alger en 1694, la reconnut cette même année par un traité qui a été renouvelé en 1801 et en 1817.

hautement avoué par le dey de nous dépouiller de nos domaines sur le sol de l'Afrique, ont empêché nos négocians d'y retourner, et d'y former des établissemens considérables qui ne peuvent subsister sans être soutenus par la confiance. Cet état de choses doit être considéré comme un de nos premiers griefs contre Alger, puisque les mauvaises dispositions du dey ont contribué d'une manière directe à empêcher une ancienne possession française de reprendre la valeur qu'elle avait eue si long-temps pour nous.

Dans l'audience où le dey insulta notre consul, il lui déclara publiquement : « Qu'il ne voulait plus per-« mettre qu'il y eût un seul canon français sur le terri-« toire d'Alger, et qu'il ne nous y reconnaissait plus « que les droits généraux dont jouissaient les autres « négocians européens qui viennent y trafiquer. » Ce sont les propres expressions qu'il employa, et l'on verra tout à l'heure qu'il fit aussitôt après raser les forts appartenant à la France et détruire les établissemens de commerce fondés sous leur protection.

A la possession d'un territoire assez considérable se joignait pour nous, sur la côte d'Afrique, le droit exclusif de la pêche du corail sur une étendue d'environ soixante lieues de côtes, droit également reconnu par nos traités avec la Porte et avec la régence d'Alger. Ces traités stipulaient que nous paierions pour ce privilége une redevance annuelle qui, fixée originairement à 17,000 fr., avait été portée à 60,000 fr., lorsque ce privilége nous avait été rendu en 1814. Mais deux ans étaient à peine écoulés, que le dey nous déclara inopinément que nous avions à choisir, entre renoncer à notre privilége ou lui payer annuellement 200,000 fr. L'intérêt de notre commerce fit consentir le gouvernement à cette augmentation de charges ; et cependant, malgré l'exactitude avec laquelle nous acquittâmes ce droit, le dey fit publier en 1826 un manifeste qui permettait à toutes les nations la pêche du corail sur les côtes de la régence d'Alger, mesure qui nous privait d'un privilége dont le dey voulait cependant continuer à recevoir le prix.

A ces griefs généraux se joignent une foule d'offenses particulières ; nous ne parlerons ici que des principales et de celles qui sont postérieures à la restauration.

En 1814, le dey intima au consul-général, M. Dubois-Thainville, l'ordre d'arrêter définitivement les comptes de plusieurs sujets algériens, créanciers de la France ; et comme le consul représentait qu'il ne pouvait le faire sans y être autorisé par son gouvernement, le dey le renvoya immédiatement d'Alger. Les événemens des Cent-Jours nous forcèrent à dissimuler cet outrage, et un nouveau consul fut envoyé en 1816 ; mais le dey ne consentit à l'admettre que moyennant le paiement préalable d'une somme de 100,000 fr., à titre de présent gratuit.

En 1818, le brick français *le Fortuné* fut attaqué et pillé par les habitans du territoire de Bone, sans que l'on pût obtenir du dey aucune réparation.

En 1819, le dey répondit à la sommation collective de l'amiral français Jurien et de l'amiral anglais Freemantle, qui venaient, par suite des résolutions arrêtées au congrès d'Aix-la-Chapelle, l'inviter à renoncer à la piraterie : « qu'il prétendait se réserver le droit de mettre en esclavage les sujets de toutes les puissances qui n'auraient pas de traités avec lui, et qui n'entretiendraient pas dans ses États de consuls par les mains de qui les redevances ou tributs lui seraient payés. »

En 1825, malgré la teneur expresse des traités, et sous prétexte de contrebande, le dey fit forcer et visiter la maison de l'agent consulaire français à Bone. Le résultat de cette visite prouva la fausseté de l'accusation, et cependant le dey ne nous donna aucune satisfaction de cette offense.

Les droits qui doivent être perçus pour nos marchandises dans les ports de la régence, sont déterminés par des traités ; en 1825, le dey exigea arbitrairement de nos négociations à Bone des droits beaucoup au dessus de ce tarif.

A l'exemple de ce que d'autres grandes puissances avaient fait pour plusieurs États, la France accorda, en 1815, sa protection au pavillon romain. Les deys d'Alger et de Tripoli, et le bey de Tunis, reconnurent successivement que cette mesure était justifiée par les rapports qui nous unissent au chef de notre religion, et ils s'engagèrent solennellement à respecter, à l'égal du nôtre, le pavillon romain. Mais, dix-huit mois après avoir souscrit à cet engagement, le dey d'Alger fit arrêter et confisquer deux bâtimens romains. Le prix de ces navires et de leur chargement fut partagé entre le dey et les corsaires capteurs, et nos réclamations ne purent obtenir que la mise en liberté des équipages.

Les violations de nos traités devinrent de plus en plus fréquentes dans les années 1826 et 1827, l'audace du dey s'accroissant par l'impunité. On le vit alors refuser positivement de reconnaître nos capitulations avec la Porte. Ce fut aussi à cette époque que les Algériens commencèrent à exiger des capitaines de nos navires marchands qu'ils rencontraient en mer, de venir sur leur bord pour la vérification de leurs expéditions, ce qui était directement contraire au traité de 1719 : il arriva que tandis que le capitaine du bâtiment français *la Conception* faisait ainsi vérifier ses papiers à bord d'un armement algérien, son propre navire reçut la visite d'hommes détachés par le corsaire, qui enlevèrent des caisses, de l'argent, et les autres objets qu'ils trouvèrent à leur convenance.

Mais, indépendamment de ces griefs multipliés, l'insolence et la mauvaise foi du dey, dans l'affaire des juifs algériens Bacri et Busnach, ne laissèrent bientôt plus à S. M. d'autre parti à prendre que celui auquel elle s'est déterminée, en déclarant la guerre à cette régence. Des fournitures faites sous le consulat et l'empire avaient constitué les sieurs Bacri et Busnach créanciers d'une somme qui n'était point liquidée à l'époque de la restauration. Une transaction passée entre les commissaires du roi et le fondé de pouvoirs des intéressés, le 28 octobre 1819, et approuvée par le Roi et par le dey d'Alger, régla définitivement cette créance à 7 millions qui durent être payés par douzièmes, à compter du 1er mars 1820. Mais il fut expressément stipulé (art. 4) que les sujets français qui auraient eux-mêmes des réclamations à faire valoir contre les sieurs Bacri et Busnach, pourraient mettre opposition au paiement, et qu'une somme égale au montant de leurs réclamations serait tenue en réserve, jusqu'à ce que les tribunaux français eussent prononcé sur le mérite de leurs titres de créance.

Conformément à cette disposition, les sujets français furent invités à produire leurs réclamations, et la somme s'en étant élevée à environ 2,500,000 fr. le Trésor royal paya aux sieurs Bacri et Busnach 4,500,000 fr. qui restaient sur le total du montant reconnu de la dette, et il versa l'autre partie à la Caisse des dépôts et consignations.

Cette mesure n'était que l'exécution littérale de la convention du 28 octobre. Mais le dey ne tarda pas à prétendre que les tribunaux français ne jugeaient pas assez vite, qu'il fallait que le Gouvernement français intervînt pour hâter leur action, et enfin que le Trésor royal devait lui remettre à lui-même la somme contestée, ajoutant que les sujets français viendraient ensuite à Alger pour faire valoir devant lui leurs réclamations.

De telles prétentions étaient contraires à la convention du 28 octobre : elles l'étaient aussi à la dignité du Gouvernement français, qui n'aurait pas pu même y consentir sans dépasser ses pouvoirs, puisqu'il n'était pas maître d'intervenir dans des débats judiciaires, et de transférer à d'autres l'examen de causes dont les tribunaux étaient seuls désormais appelés à connaître. Ces explications furent données à diverses reprises au chef de la régence qui n'en tint aucun compte, et qui persista à demander, comme condition du maintien de ses relations avec la France, le paiement immédiat de la somme entière de 7 millions. Dans une lettre qu'il adressa lui-même au ministre des affaires étrangères, cette alternative était énoncée d'une manière si hautaine, que M. le baron de Damas ne crut pas devoir y répondre directement, et qu'il se borna à transmettre un nouvel exposé de l'affaire au consul-général du Roi à Alger, en lui prescrivant de s'en expliquer verbalement avec le dey. M. Deval n'avait pas encore reçu cette lettre quand il se présenta, suivant l'usage, au palais du dey, la veille des fêtes musulmanes. Ce prince ayant demandé au consul-général s'il n'était pas chargé de lui remettre une réponse à sa lettre, et celui-ci ayant répondu négativement, il porta subitement à M. Deval plusieurs coups d'un chasse-mouche qu'il tenait à la main, en lui ordonnant de sortir de sa présence.

Après un tel excès, commis publiquement sur le représentant de la France, le Gouvernement du Roi ne pouvait plus prendre conseil que de sa dignité offensée. Cet outrage comblait la mesure des procédés injurieux de la régence. Tout rapport était désormais devenu impossible entre la France et elle, avant qu'une réparation éclatante n'eût vengé l'honneur national. M. le baron de Damas prescrivit au consul-général de la demander, ou d'abandonner immédiatement Alger. Cette réparation fut refusée, et M. Deval avait à peine quitté la ville, que le dey envoya l'ordre au gouverneur de Constantine de détruire par le fer et le feu les établissemens français en Afrique ; cet ordre fut promptement exécuté, et le fort de *La Calle* fut ruiné de fond en comble.

Le roi envoya devant Alger une division de ses vaisseaux, avec ordre de maintenir un blocus rigoureux. Les résultats de cette mesure, prolongée pendant trois ans, n'ont pas répondu, malgré le zèle et le courage de nos marins, aux espérances qu'elle avait fait concevoir : le blocus a coûté à la France près de 20 millions, sans avoir causé à l'ennemi un dommage assez réel, pour le déterminer à nous donner les satisfactions convenables et à nous demander la paix.

Il importait à la dignité de la France, et aux intérêts des sujets du Roi engagés dans des transactions commerciales avec le nord de l'Afrique, et dont les bâtimens étaient sans cesse menacés par les corsaires de la régence d'Alger, que l'on adoptât un système nouveau, plus énergique et plus décisif; néanmoins le Gouvernement du Roi, voulant ne porter la guerre sur le territoire algérien que lors qu'elle serait reconnue évidemment nécessaire, se détermina à faire encore une tentative auprès du dey. Dans le courant de juillet 1829, M. le capitaine de vaisseau de la Bretonnière fut envoyé à Alger, avec ordre d'entamer une négociation, si la régence paraissait disposée à faire droit à nos justes griefs. Cette tentative, qui faisait si noblement ressortir la modération de la France, échoua contre l'opiniâtreté du dey, et un dernier outrage à notre pavillon, une dernière violation des droits les plus sacrés chez tous les peuples, vint mettre le comble aux attentats de la régence, et rendre désormais toute conciliation incompatible avec l'honneur national. Au moment où M. de la Bretonnière sortait du port, une décharge générale de toutes les batteries voisines fut faite sur le bâtimens parlementaire, qui fut atteint par 80 boulets. Le feu ne cessa que lorsque le vaisseau se trouva entièrement hors de portée.

Tel est l'exposé succinct des griefs dont le Roi se

disposé à tirer vengeance : violation des principes du droit des gens; infraction aux traités et aux conventions; exactions arbitraires; prétentions insolentes opposées aux lois du royaume et préjudiciables aux droits des sujets français; pillage de nos bâtimens; violation du domicile de nos agens diplomatiques; insulte publique faite à notre consul; attaque dirigée contre le pavillon parlementaire, le dey semble avoir tout épuisé pour rendre une guerre inévitable et pour animer le courage de nos soldats auxquels est réservée la noble mission de venger la dignité de la couronne, et de délivrer la France et l'Europe du triple fléau que les puissances chrétiennes ont enduré trop long-temps : l'esclavage de leurs sujets, les tributs que le dey exige d'elles, et la piraterie qui ôte toute sécurité aux côtes de la Méditerranée, et qui menace sans cesse les bâtimens qui naviguent sur cette mer.

NOTE

Sur la valeur des tributs, redevances, dons et présens auxquels les différens États chrétiens sont assujétis envers les trois régences barbaresques.

1º ALGER.

Malgré les arrangemens favorables conclus par lord Exmouth en 1816, à la suite du bombardement d'Alger, les consuls d'Angleterre sont encore tenus, à leur arrivée dans cette ville, à faire un présent de six cents livres sterling.

Les États-Unis ont déclaré, dans un traité qu'ils ont conclu plus récemment avec la régence, qu'ils suivraient l'usage établi sur ce point par l'Angleterre.

La Hollande ayant joint, en 1816, son escadre à celle de l'Angleterre pour le bombardement d'Alger, participe à l'avantage résultant du traité conclu à cette époque, depuis laquelle elle ne paie plus de tribut; mais le dey n'a cessé aussi depuis lors de manifester sa mauvaise volonté à cette puissance, et n'a cherché pendant long-temps que l'occasion de rompre avec elle.

La Sardaigne, le Hanôvre et Brême ont obtenu, en 1816, par l'entremise de l'Angleterre, les mêmes priviléges que cette puissance, mais sont restés de même soumis au paiement d'une somme considérable à chaque mutation des consuls.

La Suède et le Danemark sont obligés envers la régence à un tribut annuel consistant en munitions navales et en matériel de guerre, et qu'on a lieu de croire être de quatre mille piastres fortes : ces deux puissances paient en outre une donative de trente mille piastres fortes, au renouvellement de leurs traités, c'est-à-dire tous les dix ans, et leurs consuls font de plus des présens au dey à leur arrivée.

Le Portugal paie un tribut annuel de vingt-quatre mille piastres fortes, et des présens consulaires annuels de la valeur de vingt mille piastres fortes.

Les Deux-Siciles ont traité avec la régence, aux mêmes conditions que le Portugal.

La Toscane a fait, en 1823, avec la régence un traité qui l'exempte de toute espèce de tribut, mais lui impose l'obligation d'un présent consulaire de vingt-cinq mille piastres fortes.

L'Espagne n'est soumise à aucun tribut; mais elle fait aussi des présens au renouvellement de ses consuls.

Les États-Romains, par suite de la protection que leur accorde la France, ne paient pas de tribut et ne font pas de présens consulaires.

L'Autriche se trouve dans la même position à l'égard d'Alger: par l'intervention de la Porte-Ottomane, cette puissance est dispensée de tributs et de présens consulaires.

Au surplus, il est à remarquer que pour se dédommager des conditions avantageuses qu'elle s'est vue obligée d'accorder à plusieurs puissances secondaires, la régence leur suscite, de temps à autre, de mauvaises affaires qui ne se terminent ordinairement que par de nouveaux traités à l'occasion desquels elle reçoit des présens, ou par le changement des consuls qui lui en procure également.

Quant à la France, elle ne s'est point encore écartée jusqu'ici de l'usage de faire des présens aux régences à l'occasion de l'envoi de nouveaux consuls. Ceux qui ont été donnés à la régence d'Alger en 1815, se sont élevés à environ cent mille francs; mais ils n'ont été portés à ce taux qu'à cause des difficultés que le gouvernement français avait alors avec le dey.

2° TUNIS.

Aucune des nations qui entretiennent des consuls à Tunis ne s'est soustraite jusqu'à ce jour à l'usage de faire des présens à la régence, lors de la mutation de ses consuls. La valeur de ces présens varie suivant les circonstances et l'importance des relations politiques ou commerciales de chaque état avec la régence : elle est ordinairement de 25 à 20 mille francs.

La Suède, le Danemark et les Deux-Siciles sont les seules puissances qui soient aujourd'hui soumises au paiement d'un tribut à des époques déterminées. Ce tribut consiste pour les deux premiers pays en munitions navales et de guerre; celui que la Suède a envoyé à Tunis en 1827 se composait de cent vingt-huit pièces de canon et d'une certaine quantité de bois de construction. Quant au royaume des Deux-Siciles, il paie son tribut en argent et y joint ordinairement des présens d'une valeur assez élevée.

La Sardaigne jouit, par suite de l'intervention de l'Angleterre, du même traitement que cette puissance; elle n'a plus, par conséquent, de tribut annuel à payer, et n'est plus soumise qu'au paiement des présens consulaires.

L'Autriche et la Russie ne sont soumises à aucune redevance envers la régence de Tunis, et ne lui font même pas de présens, parce qu'elles n'ont point d'agens accrédités auprès du bey. Ces deux puissances sont, par leurs traités avec la Sublime-Porte, admises à jouir, sous sa garantie, dans les États barbaresques, de tous les avantages et priviléges qui sont accordés aux nations les plus favorisées.

3º TRIPOLI.

Quoique la puissance de la régence de Tripoli soit sensiblement déchue, elle n'en continue pas moins à recevoir des diverses puissances chrétiennes des présens assez considérables, et à exiger des tributs de plusieurs d'entre elles.

Les présens que la France, l'Angleterre, les États-Unis, la Sardaigne et les Pays-Bas font au pacha lors du renouvellement de leurs consuls, sont évalués à environ 25,000 francs, et se composent ordinairement de différens produits de l'industrie.

Les autres puissances paient à la régence, en pareille occasion, une somme de 20,000 francs.

La Toscane, par son dernier traité avec Tripoli, est affranchie, dans ce cas, de toute donative; mais ce ce traité est trop récent, et la Toscane a trop peu de moyens de répression à sa disposition pour pouvoir raisonnablement espérer que cet arrangement soit long-temps respecté, surtout lorsque les principales puissances conservent l'usage de faire des présens consulaires.

» La Suède et le Danemark sont aujourd'hui les seuls états qui soient soumis à payer un tribut au pacha. Ce tribut est de 20,000 fr. par an. »

Indépendamment des présens consulaires proprement dits, les consuls de toutes les nations en font au pacha dans les occasions extraordinaires, telles que les visites à ce prince, la naissance ou le mariage de ses enfans, et l'arrivée d'un officier du Grand-Seigneur apportant le cafftan d'investiture : la valeur de ces donatives varie de 2000 à 4000 francs.

MOUVEMENT DU PORT D'ALGER

En 1826.

Navires.	Entrés.	Sortis.
Français	40	13
Anglais	9	9
Toscans	5	7
Autrichiens	5	5
Turcs	2	1
Sardes	6	6
Suédois	1	1
Danois	1	»
Barbaresques	1	3
Napolitains	1	1
Russes	1	1
Totaux	42	47

COMMERCE DU PORT D'ALGER EN 1826.

IMPORTATION.*

	Fr.
Toscane (en marchandises presque toutes anglaises)	2,290,000
France	745,000
Turquie	715,000
Angleterre, Malte et Gibraltar	470,000
Danemark (tribut de 2 années) bois de construction	180,000
Deux-Siciles (envoi du gouvernement)	124,000
Barbarie	112,000
Suède	56,000
Espagne	25,000
Total	4,717,000

EXPORTATION.*

	Fr.
Toscane	760,000
Turquie	60,000
Barbarie	25,000
Total	845,000
Pour balance	3,872,000
Somme égale	4,717,000

* L'importation consiste principalement en draps, soierie, bois de construction, café, sucre, soie écrue, poudre à tirer, toileries, mousselines, sel, haïks, burnouses, toiles, bonnets, bijouterie, planches, goudron.

* L'exportation consiste principalement en cuirs, laines, cornes, alquifoux, burnouses, châles, ceintures de soie et de laine, cire, or et argent monnayé.

PRINCIPAUX PERSONNAGES DU GOUVERNEMENT.

Cet Aperçu était terminé lorsqu'un ouvrage sur Alger (*Itinéraire* par J.-M.-H. B.), nous a fait connaître quelques uns des principaux chefs du gouvernement de la régence. Ces renseignemens nous ayant paru offrir de l'intérêt dans les circonstances présentes, nous avons cru devoir les ajouter à notre travail.

Hussein-Pacha, le dey actuel, a succédé sans opposition, en 1818, à Ali-Codjia, mort de la peste. Il paraît que l'on n'a aucune cruauté à lui reprocher. Sorti de la classe des ulemas ou docteurs de la loi, son instruction est plus étendue que celle de la plupart de ses prédécesseurs. Il entend assez bien la position de la régence à l'égard des différens États de l'Europe.

Hussein a cherché par des libéralités adroites à gagner l'affection de la milice; mais il vit néanmoins dans des inquiétudes continuelles, et depuis son avénement au pouvoir il a toujours habité le Cassaba, château fortifié par Ali. Il n'est sorti qu'une seule fois pour aller visiter la batterie neuve, et ce ne fut pas sans danger pour lui, car on assure que des coups de fusil furent tirés sur sa personne.

Le *hazenadji* ou grand-trésorier, premier ministre du dey, est un nommé *Braham* : il a été pendant quelque temps chiaouch du bey de Constantine; fut employé ensuite dans la maison du dey comme hazenadar, et cette place qui donne l'oreille du maître, lui valut la plus haute dignité après celle du souverain. Il passe pour très rusé, et sa défiance naturelle rend très difficiles les relations avec lui.

Ibrahim-Bach-Aga, est commandant de la force armée et ministre de la guerre. Lorsqu'il vint du Levant, il n'était que lutteur. L'aga le reçut à son service comme porte-pipe et verseur de café. Son maître le prit en amitié, et comme un jour le dey lui demandait s'il pourrait lui indiquer un homme robuste, intelligent et fidèle, l'aga lui désigna Ibrahim; il s'agissait pour le dey de trouver un mari pour sa fille. Ibrahim fut agréé, et passa immédiatement d'une basse servilité au poste de ministre de la marine. Il obtint la place qu'il occupa peu après le commencement des hostilités avec la France; Ibrahim est jeune encore et fort bel homme; il pousse à l'excès la hauteur et la morgue algériennes.

Le *Vekil ardji*, ou ministre de la marine, est un homme bouillant et emporté; il était auparavant codjia ou intendant du palais. On le désigne sous le nom de *Loco*, ou le Fou, à cause de ses fréquens accès de fureur contre ses subordonnés.

Hadji-Achmet, bey de Constantine, est fils de Turc. Il appartient à une famille considérée. Son père et son grand-père ont eux-mêmes rempli fort long-temps les fonctions de bey. Il s'est trouvé dans la disgrâce du dey actuel, et c'est au précédent bach-aga qu'il dut de voir se dissiper les préventions du souverain et d'obtenir la place qu'il occupe. On regarde comme très étonnant qu'il n'ait pas été enveloppé dans la disgrâce de son protecteur.

Hussein, bey d'Oran, est, dit-on, un excellent homme qui administre depuis plus de dix ans la province sans trop la pressurer, tout en satisfaisant aux exigences du dey, ce qui est d'ordinaire très difficile à concilier.

SUPPLÉMENT

Au § V, pages 35 et 36.

L'expédition ordonnée par Louis XIV contre Gigeri ayant été sans résultat, aucun des historiens de ce règne, que nous avons consultés et qui ont le plus de réputation, n'en ont donné les détails ; le marquis de Quincy lui-même, dans un livre spécial, son *Histoire militaire*, n'en dit que fort peu de mots très insignifians. Nous n'avons trouvé que plus tard, et en feuilletant le recueil des gazettes du temps conservées aux Affaires-Étrangères, les particularités que nous allons offrir dans ce supplément, et dont quelques unes ne sont pas sans intérêt.

On y voit d'abord que le premier projet avait été de diriger l'expédition sur Bugie : on donna même pour certaine la prise de cette ville. Bientôt on apprit que la véritable attaque avait été à Gigeri ; et voici en quels termes la *Gazette officielle* relevait l'importance de cette place.

« Elle est située sur la côte de Barbarie, proche des Sept-Caps, entre Tunis et Alger, sur le bord de la Méditerranée, et occupe une espèce de langue de terre avancée, sur laquelle on pourrait élever une citadelle qui commanderait la ville et le port qui est à sa gauche ; ce port, qui est en ovale, se fermant du côté de l'ouest de la ville et de celui de la mer, est aussi très avantageux, soit à cause que le mouillage et la tenue en sont fort bons du côté de la terre qui regarde le sud, soit à cause qu'il est environné de petites îles et de petits rochers proches les uns des autres. Ajoutant le secours de l'art à ceux de la nature, on le rendrait un des meilleurs ports de la Méditerranée, et capable de recevoir une armée des plus considérables. »

Bugie et surtout Gigeri sont voisins de nos établissemens de La Calle. N'est-ce point là le véritable motif du bruit qui se répandit qu'on se dirigeait sur Bugie, et de la direction réelle qu'on suivit sur Gigeri; ce motif est assez raisonnables pour qu'il soit plausible de l'attribuer à un cabinet sage et habile.

Quoiqu'il en soit, dès le 17 juin 1664, le duc de Mercœur avait pressé à Toulon l'armement de 8 galères, 17 vaisseaux et 60 barques, le tout devant porter six mille hommes de débarquement.

Le duc de Beaufort, amiral et généralissime, prend le commandement général de ces forces; le comte de Gadagne le commandement particulier des troupes de terre.

On parle d'Anglais et de Hollandais qui devaient s'y joindre; ces bruits ne se réalisent point.

L'embarquement de la flotte principale a lieu à Toulon, le 30 juin.

Le 8 juillet de grand matin 7 galères de Malte se rallient, à Mahon, à 8 des nôtres qui y étaient depuis plusieurs jours; le soir de ce même jour, 8 juillet, le duc de Beaufort y entre avec 15 vaisseaux de guerre et 49 transports. Un conseil de guerre décide la descente et l'attaque à Gigeri.

Les vents peu favorables ne permettent de remettre à la voile que le 17.

La flotte fait une démonstration sur Bugie le 21; le duc de Beaufort et le comte de Gadagne y font même personnellement une reconnaissance qui puisse donner lieu de croire à un débarquement: mais c'est à Gigeri qu'on a résolu de le faire.

La même contrariété des vents ne permet de paraître devant cette place que deux jours après (le 23). Les Maures et quelques Turcs, d'abord rassemblés autour de Bugie, ont le temps d'arriver pour défendre Gigeri; néanmoins on y descend avec beaucoup d'ordre sur une langue de terre que termine un rocher, sur lequel est placé l'ermitage d'un *marabout*, et qui porte ce nom.

Quoique les troupes se forment avec beaucoup de promptitude et d'ensemble, elles sont coupées par la cavalerie maure, de leurs volontaires ou enfans perdus qui se sont portés trop en avant des bataillons; plusieurs de ces éclaireurs tombent aux mains de l'ennemi.

Une affaire assez sérieuse s'engage; elle est entièrement à notre avantage; le généralissime, duc de Beaufort, et le comte de Gadagne, la dirigent en personne. Pendant qu'elle se prolonge, la ville de Gigeri est évacuée, et nous l'occupons.

Le 24, négociation avec les Maures, provoquée par ceux-ci. On leur fait entendre qu'on vient les délivrer des Turcs, et ils en paraissent satisfaits. Quelques heures après, nouvelles hostilités.

Le 25, nouvelles négociations; la troupe française est retranchée et assurée.

On voit dans une gazette du 18 août, que le commerce de Marseille, espérant beaucoup de la prise de Gigeri, et pour en témoigner sa joie, envoie à l'armée française qui en a fait la conquête un vaisseau chargé de rafraîchissemens.

Le gouvernement y envoie aussi quatre vaisseaux, avec beaucoup de munitions de tout genre, des moulins *et des artisans*.

Les nouvelles du camp devant Gigeri, du 25 septembre, sont qu'il y a abondance de vivres, de bois, et peu de malades.

Jusqu'ici on n'a guère eu affaire qu'à 2,000 Turcs environ et à une partie de la population maure; plusieurs tribus ont refusé de combattre, mais leurs marabouts les y obligent au nom de l'islamisme menacé.

Un renfort de 4,000 Turcs, joints aux premiers et à cette levée en masse des Maures, donne lieu à l'attaque acharnée d'une redoute française; le succès appartient tout entier à nos troupes dans cette affaire générale et assez vive. L'ennemi même se retire. Toutefois, l'augmentation de ses forces, qui vraisemblablement devait bientôt devenir disproportionnée aux secours qu'on pouvait recevoir, l'imminence de la saison, qui rendait ces renforts incertains, et peut-être aussi les affaires du continent, font décider le rembarquement; il a lieu avec ordre, et sans perte, dans la nuit du 29 au 30 septembre.

FIN.

ERRATA.

Pages.	Lignes.	
92	10	fait, *lisez* court.
129	25	grand, *lisez* haut.
138	2	ni spectacles publics ni particuliers, *lisez* des spectacles d'aucun genre.
140	36	ronds, *lisez* cercles.
153	34	s'il, *lisez* si le plaignant.
163	34	Gouvernement, *lisez* dey.
164	21	*quarts de sequins*, lisez *quarts de sequin*.
170	26	sous, *lisez* hors de.
171	5	qu'il concerne, *lisez* dont il traite.
173	12	A peine si l'on extrait, *lisez* On extrait à peine.
213	3	*effacez* il.

TABLE.

Pages.

Avant-Propos.................................... v

NOTICE SOMMAIRE

Des principales expéditions dirigées contre l'Afrique septentrionale par l'Espagne, la France ou l'Angleterre, depuis la fin du xve siècle jusqu'à nos jours, ainsi que des principaux événemens qui ont immédiatement précédé celle que la France va entreprendre.................................... 1

§ Ier. Expéditions des Espagnols sur la côte d'Afrique, dans les dernières années du xve siècle et les premières du xvie.................................... 6

§ II. Expédition contre Oran, en 1509, commandée par le cardinal Ximénès en personne.......... 8

§ III. Expédition de Charles-Quint contre Tunis, en 1535.................................... 15

§ IV. Expédition de Charles-Quint contre Alger, en 1541.................................... 17

§ V. Diverses expéditions contre les Barbaresques, ordonnées par Louis XIV, depuis l'an 1663 jusqu'en 1688.................................... 35

§ VI. Reprise d'Oran par le comte de Montémar, sous Philippe V, en 1732.................................... 38

§ VII. Expédition d'O'Reilly sur Alger, sous le règne de Charles III, roi d'Espagne, en 1775............ 42

§ VIII. Bombardemens d'Alger par les Espagnols, aux années 1783 et 1784.................................... 62

§ IX. Bombardement d'Alger par lord Exmouth, en 1816.................................... 64

§ X. Hostilités des États-Unis contre la régence d'Alger, et causes de l'expédition actuelle de la France contre cette régence.................................... 69

(236)

STATISTIQUE.

PREMIÈRE PARTIE. — DESCRIPTION PHYSIQUE.

	Pages.
CHAPITRE Ier. — GÉOGRAPHIE............................	78
Position géographique............................	ib.
Étendue..	79
Versans et bassins................................	81
Hauteur au dessus de la mer..................	84
CHAPITRE II. — GÉOLOGIE ET MINÉRALOGIE...........	85
Nature du sol.....................................	ib.
Ordre de superposition des couches........	ib.
Substances métalliques et combustibles.....	86
CHAPITRE III. — AÉROGRAPHIE........................	87
Climat: température dans les diverses saisons.	ib.
Faits météorologiques et phénomènes terrestres...	89
CHAPITRE IV. — HYDROGRAPHIE........................	ib.
Système général des eaux........................	ib.
Fleuves et rivières................................	90
Les eaux considérées sous le rapport de la vie animale.......................................	92
Lacs et marais.....................................	93
Sources thermales et minérales................	94
Côtes : leur aspect, leur nature...............	ib.
Ports et rades.....................................	95
Vents régnans.....................................	98
Marées..	99
CHAPITRE V. — BOTANIQUE............................	ib.
Forets : leur essence, les ressources qu'elles présentent..	ib.
Plantes cultivées pour la nourriture de l'homme et des animaux domestiques.....	103
CHAPITRE VI. — ZOOLOGIE.............................	106
CHAPITRE VII. — L'HOMME.............................	109
Stature des habitans, leur physionomie, leur force..	ib.

	Pages.
Maladies régnantes...	111
Fécondité...	ib.
Vie moyenne...	112
Hygiène...	ib.

DEUXIÈME PARTIE. — STATISTIQUE SPÉCIALE.

CHAPITRE VIII. — ORIGINE ET ÉTAT ACTUEL DE LA POPULATION...	120
Population totale...	ib.
Répartition de la population sur le territoire.	121
Description des principaux lieux habités...	122
Origine des peuples...	129
Mœurs, coutumes, etc...	134
CHAPITRE IX. — LANGAGE...	142
CHAPITRE X. — RELIGION...	143
CHAPITRE XI. — GOUVERNEMENT ET ADMINISTRATION...	148
CHAPITRE XII. — JUSTICE...	157
CHAPITRE XIII. FINANCES...	159
Monnaies...	164
Prix moyen d'une journée de travail...	166
Prix moyen des principaux objets nécessaires à la vie...	ib.
CHAPITRE XIV. — INSTRUCTION PUBLIQUE...	167
CHAPITRE XV. — ÉTABLISSEMENS DE BIENFAISANCE...	171
CHAPITRE XVI. — AGRICULTURE...	ib.
Nature des terres...	ib.
État de l'agriculture...	ib.
Époques des semailles et des récoltes...	172
CHAPITRE XVII. — INDUSTRIE...	173
Substances minérales...	ib.
Rivières et sources salées; marais salans, etc.	174
Arts mécaniques...	ib.
CHAPITRE XVIII. — COMMERCE...	176
Exportations et importations...	ib.
Navigation fluviale...	178
Poids et mesures usuels...	ib.

Chapitre XIX. — Communications.............................	179
Détails sur les principales communications par terre..	181
Communications par eau..............................	186

TROISIÈME PARTIE. — CONSIDÉRATIONS MILITAIRES.

Chapitre XX. — Guerre...................................	187
Limites avec les États voisins..................	ib.
Système de défense..............................	188
Points fortifiés.....................................	190
Forces militaires de la régence...............	195
Organisation de l'armée........................	198
Solde...	200
Armes..	206
Munitions...	ib.
Subsistances..	ib.
Époque favorable pour un débarquement...	208
Ports et rades considérés sous le rapport de la défense...	ib.
Chapitre XXI. Marine...................................	209
Nombre, force et armement des bâtimens..	210

APPENDICE.

Extrait du Moniteur du 20 avril 1820...........	215
Note sur la valeur des tributs, redevances, dons et présens auxquels les différens États chrétiens sont assujétis envers les trois régences barbaresques...	222
1° Alger..	ib.
2° Tunis..	224
3° Tripoli..	225
Mouvement du port d'Alger en 1826............	226
Commerce du port d'Alger en 1826.............	227
Personnages principaux du Gouvernement...	228
Supplément au § V, pag. 35 et 36................	230

TYPOGRAPHIE DE J. PINARD, IMPRIMEUR DU ROI,
RUE D'ANJOU-DAUPHINE, N° 8.

TYPOGRAPHIE DE J. PINARD, IMPRIMEUR DU ROI,
RUE D'ANJOU-DAUPHINE, N° 8.

www.ingramcontent.com/pod-product-compliance
Lightning Source LLC
Chambersburg PA
CBHW060118170426
43198CB00010B/942